MICHAEL BOLTEN

Fortuna Düsseldorf für Klugscheißer

Populäre Irrtümer und andere Wahrheiten

KLARTEXT

BILDNACHWEIS

Adobe Stock: S. 70 ©voloshin311 | firo sportphoto: S. 6/7, 17 u., 40 o., 45-47 (Hintergrund), 54, 60, 80-81 (Hintergrund) | Horstmüller: S. 15 u., 18, 20 r., 21, 27, 30 u., 31 r., 34-36, 39, 40 l., 40 Mitte, 43 u., 45, 46, 47, 48, 49, 51 Mitte, 51 u., 52 r., 53, 55, 57, 59 o., 61-65, 71, 73, 75 u., 76, 78, 87, 95 r. | imago images: /Kicker/Eissner S. 19 o. /ActionPictures S. 19 u. / WEREK S. 56, 81 /ZweiKameraden Düsseldorf S. 96 /teutopress S. 97 /Werner Otto S. 103 | Michael Bolten: S. 4, 8/9, 40 r., 51 o., 75 o., 77, 91 o. | Thea Schiller: S. 9 | Bernd Bremer: S. 10, 11 Mitte, 13 o.r., 17 o., 20 l., 23 o., 25 o., 29, 30 o., 31 l., 33, 42, 43 o., 66, 72 o., 95 l. | Dieter Götzinger: S. 11 l., 69 u. | Stephan Vogel: S. 11 r., 13 o.l., 13 u., 15 o., 69 o. | Gernot Speck: S. 23 u.l., 23 u.r. | Mark Wellner: S. 25 u., 86 | Fortuna Brötchen: S. 24, 94, 98, 99 | Christoph Symann: S. 26, 72 u., 83, 88-91 | Oliver Vorderstemann: S. 38, 59 u., 79 | Rapid-Chronik: S. 52 l. | Lars Pape: S. 82 | Stefan Diener: S. 85 | David Salomo: S. 92 | 3d Reality Maps: S. 93

Bibliografische Information der Deutschen Nationalbibliothek
Die Deutsche Nationalbibliothek verzeichnet diese Publikation in der Deutschen Nationalbibliografie; detaillierte bibliografische Daten sind im Internet über http://dnb.dnb.de abrufbar.

IMPRESSUM

1. Auflage Oktober 2020
Layout und Satz: Joachim Bartels
Umschlagfotos: firo sportphoto (3), Horstmüller (3), Oliver Vorderstemann
Druck und Bindung: Griebsch & Rochol Druck GmbH, Gabelsbergerstraße 1, 59069 Hamm

ISBN 978-3-8375-2182-5

KLARTEXT

Jakob Funke Medien Beteiligungs GmbH & Co. KG
Jakob-Funke-Platz 1, 45127 Essen
info@klartext-verlag.de, www.klartext-verlag.de

Inhalt

Der Autor

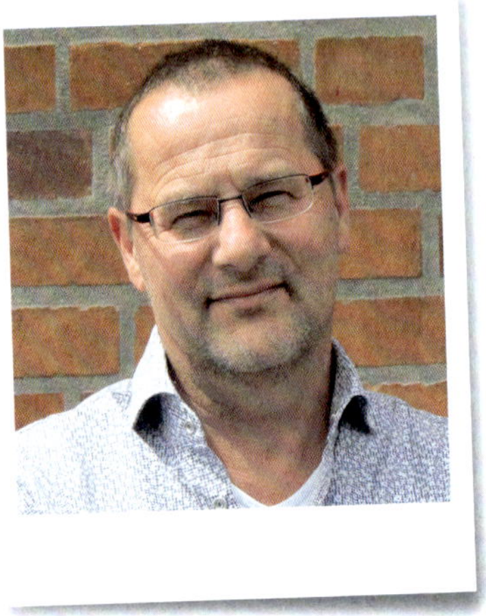

Michael Bolten

Auch wenn er das Schreiben nie zu seiner Profession machte, war es schon immer seine große Leidenschaft. Michael Bolten schrieb als freier Autor für Stadtmagazine, Tages- und Wochenzeitungen und gab Anfang der 1990er Jahre gemeinsam mit Martin Krauß „Sportkritik. Die Zeitschrift gegen das Unentschieden" heraus. 2005 erschien mit Unterstützung des Fortuna-Archivars Marco Langer sein erstes Buch: „Alles andere ist nur Fußball. Die Geschichte von Fortuna Düsseldorf" – gleich ein „Standardwerk" (FAZ). Seitdem veröffentlichte er „Paul Janes und die Fliege am Torpfosten", „Wir sind die FORTUNA!" und 2019 das „inoffizielle" Jubiläumsbuch „125 Jahre Fortuna" (alle Verlag Die Werkstatt).

Zum Geleit

Am 1. April 1967 nahm mich mein Onkel zum ersten Mal zu einem Spiel der Fortuna mit ins Düsseldorfer Rheinstadion. Auf Düsseldorfer Seite standen Männer wie Werner Lungwitz, Peter Meyer oder Waldemar Gerhardt auf dem Feld, bei 1860 München stand Petar Radenković zwischen den Pfosten. Am Ende siegten die Löwen mit 1:0, die Fortuna stieg gleich wieder aus der Bundesliga ab, doch ich blieb dabei.
Ab Anfang der 1970er Jahre verpasste ich kaum ein Heimspiel und war bei drei der vier Endspiele der Jahre 1978–1980 im Stadion (die Revanche gegen Köln verpasste ich leider). Die stärkste Phase der Fortuna durfte ich also aus nächster Nähe miterleben.
Während meines Politologiestudiums an der FU Berlin wurde ich als bekennender Fußballfan meist schräg angesehen. Und später hieß es nur noch: Fortuna Düsseldorf? Wo spielen die denn? Die Distanz hatte aber auch den Vorteil, dass ich den Niedergang meines Klubs, der 2002 mit dem Absturz in die viertklassige Amateuroberliga Nordrhein endete, nur selten hautnah miterleben musste.
Den Wiederaufstieg verfolgte ich hingegen wesentlich intensiver, was einerseits daran lag, dass ich ihn auch publizistisch begleitete. Andererseits schlossen sich ab Mitte der 2000er Jahre auch zunehmend die Fans der Fortuna in meinem jeweiligen Wohnort zu (in-)formellen Fanclubs zusammen. Die Rot-Weißen aus Flingern haben im Laufe der Jahrzehnte für ein sehr abwechslungsreiches Fan-Dasein gesorgt.
Frei nach dem Motto: „Wir sind Fortuna Düsseldorf. Wir können alles." geht es in diesem Band nicht um das, was sowieso schon alle wissen, sondern um die kleinen und großen Besonderheiten des Vereins.

Populärer Irrtum

Die Legende von der Brotfabrik

Im August des Jahres 1919 vereinigte sich der Turnverein Flingern 1895 mit dem Fußballklub Fortuna 1911 zum Düsseldorfer Turn- und Sportverein Fortuna 1895. Dieser Name hat bis heute Gültigkeit. Stellt sich die Frage, wie kam es zur „Fortuna" und was steckt dahinter?
Paul Vogelpoth, langjähriger Chronist des Klubs, hat eine schöne Geschichte dazu geschrieben. Sie spielt im Jahr 1912 in Flingern, wo auch sonst. Einige „Kameraden" (Vogelpoth) diskutierten über ihren aktuellen Vereinsnamen „Alemania 1911" (so steht es in der Satzung), mit dem sie aus nicht geklärten Gründen unzufrieden waren. Just in diesem Moment sei ihr Blick auf das Pferdefuhrwerk einer Brotfabrik gefallen, auf dem in großen Buchstaben der Schriftzug FORTUNA gestanden hätte. Und sofort seien sich die Kameraden einig gewesen: Fortuna Düsseldorf, das ist der neue Vereinsname.
Das Problem bei dieser wunderschönen Erzählung ist nur, dass es in und um Düsseldorf herum damals überhaupt keine Brotfabrik mit dem Namen Fortuna gegeben hat. Möglicherweise sahen die Kameraden das Fuhrwerk einer ganz anderen Innung oder ganz spontan fiel einem die römische Glücks- und Schicksalsgöttin namens Fortuna ein. Wer weiß das schon? Den Vereinsmitgliedern war es auf jeden Fall egal. Sie stimmten in der folgenden Mitgliederversammlung ohne Widerrede dem neuen Namen zu. Fortan nannte sich der Flingeraner Verein eben „Fußballklub Fortuna 1911".
Neben der Düsseldorfer Fortuna ist die Namenscousine aus der Kölner Südstadt wohl der bekannteste Fußballklub mit diesem Namen. Zur dortigen Namensfindung im Jahr 1948 heißt es lapidar in einem Rückblick: „Irgendwie stand er plötzlich so im Raum." Es spricht einiges dafür, dass es sich rund 40 Kilometer nördlich von Köln ähnlich zugetragen hat und Paul Vogelpoth lediglich eine schöne Geschichte dazu geschrieben hat.

Aha

Am Gaswerk

Wald- und Sumpfgebiete prägten über Jahrhunderte das Erscheinungsbild Flingerns. Dies änderte sich erst in der zweiten Hälfte des 19. Jahrhunderts. Als Folge der Industrieansiedlung in Düsseldorf entstanden unter anderem in Flingern bedeutende Arbeiterwohngebiete. Parallel hierzu wurde der Stadtteil durch Bahnverbindungen an den Innenstadtbereich angeschlossen. Die Bahnlinien verliefen meist auf Dämmen, und Fortunas Heimstätte nach der letzten Fusion im Jahr 1919, der Platz an der Vennhauser Straße, lag unmittelbar hinter so einem Bahndamm.

Nicht gerade an der Bahn, aber in unmittelbarer Nähe zum Gaswerk errichtete die Fortuna 1930 überwiegend in Eigenleistung ihrer Mitglieder das Stadion am Flinger Broich. Damit besaßen die Flingeraner erstmal eine Platzanlage mit einem Rasenbelag. Dieser Sportplatz, der 1990 in Paul-Janes-Stadion umbenannt wurde, gilt bis heute als Fortunas Heimstätte. 1965 ergänzte eine Müllverbrennungsanlage mit ihrem hohen Schornstein die Umgebung und damit das optische Erscheinungsbild.

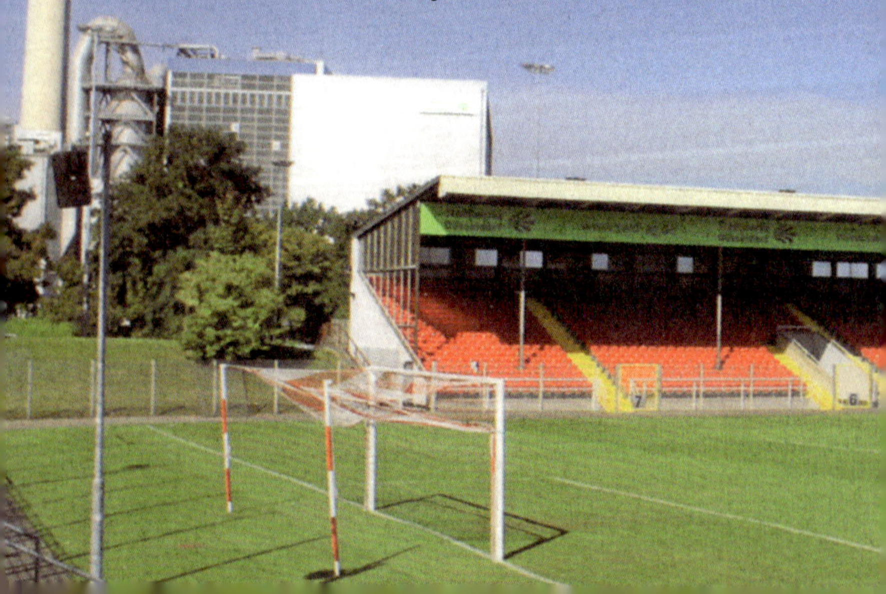

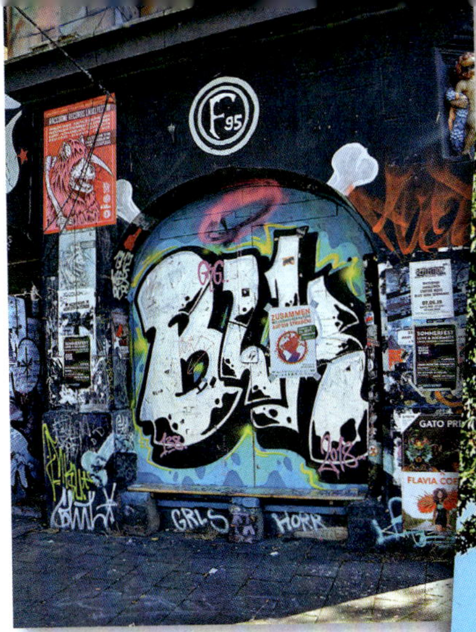

Allgegenwärtig in Flingern, auch ohne Lizenz

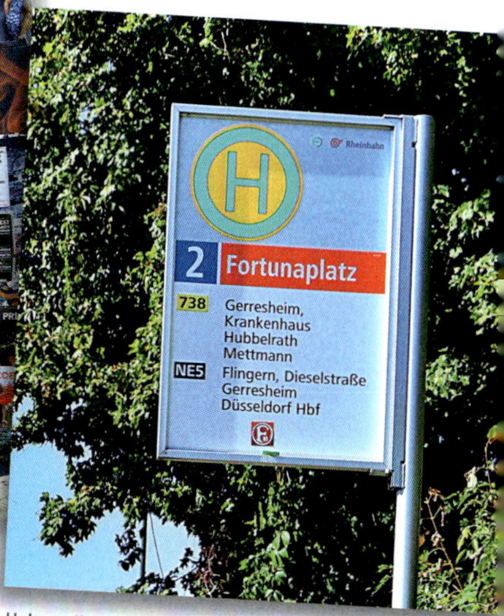

Haltestelle Fortunaplatz

Heute ist die Gegend um das Janes-Stadion, auch Flingern-Süd genannt, immer noch geprägt von Arbeiterhaushalten. Ein wenig anders dagegen sieht es im Bereich Flingern-Nord aus. Hier gibt es inzwischen hippe Läden und zunehmend teure Wohnungen. Und die Fortuna hat ein schickes neues Nachwuchsleistungszentrum am Flinger Broich errichtet. Vergangenheit und Zukunft quasi.

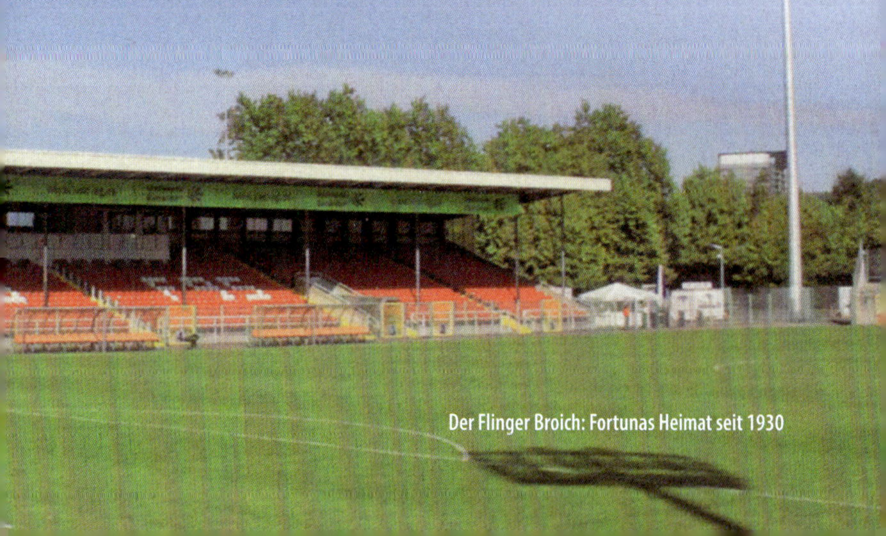

Der Flinger Broich: Fortunas Heimat seit 1930

Maler, Maurer – und ein Scheinamateur

Der Klub Fortuna Düsseldorf und alle seine Vorgängervereine formierten sich im Düsseldorfer Stadtteil Flingern, einem Arbeiterviertel. Dementsprechend hoch war auch der Anteil an Arbeitern im Vereinsleben. Bei den Vorständen in den Gründungsjahren sah es da schon anders aus.

Heinrich van Büssel, der ursprünglich aus dem TV Flingern kam und nach der Fusion 1919 Fortunas Turnabteilung leitete, war gelernter Dreher. Vom ersten Vorstand des Spielverein 08 sind nur die Berufe des 1. Vorsitzenden Jacob Wolff (Maurer) und des 1. Schriftführers und späteren Schatzmeisters Willi Becker (Fabrikarbeiter) bekannt. Damit wiesen mindestens zwei von sieben Vorständen einen proletarischen Hintergrund auf. Von den drei überlieferten Gründungsmitgliedern der Alemania 1911 (später Fortuna 1911) stand mit Matthias Bakkers ein P&C-Angestellter an der Spitze. Wilhelm Borgard war ebenfalls gelernter Dreher und über den Dritten im Bunde, Fr. Hendgen, ist nichts bekannt. Ernst Rott, Fortunas Vorstandsvorsitzender im Fusionsjahr war als Chemigraf tätig.

Bei der formalen Eintragung des Vereins am 6. September 1926 gibt der Vorstand ein ähnliches Bild ab: Matthias Bakkers gibt inzwischen an, als Kaufmann tätig zu sein, Johann Korff ist Installationsmeister, Hans Salomon Buchhalter und Heinrich Vahldieck Friseur. Ebenfalls zum damaligen Vorstand gehörten der bereits erwähnte Willi Becker und Valentin Ratajcak, über den keine weiteren Informationen

Bild links: Die Fortuna 1931, hintere Reihe v. l.: Trautwein, Kobierski, Wigold, Reisgen, Pesch, Breuer, Albrecht, Bornefeld, Zwolanowski, Heinz Bakkers. Vordere Reihe v. l.: Köhler, Hochgesang, Janes, Bender
Bild Mitte: Paul Bornefeld im Trikot der WSV-Auswahl
Bild rechts: Willi Pesch

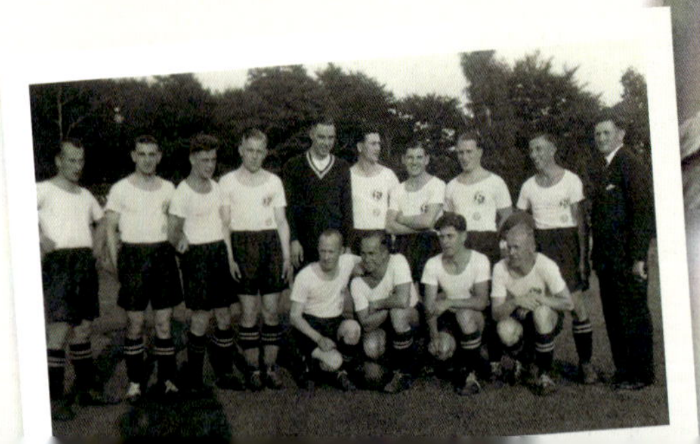

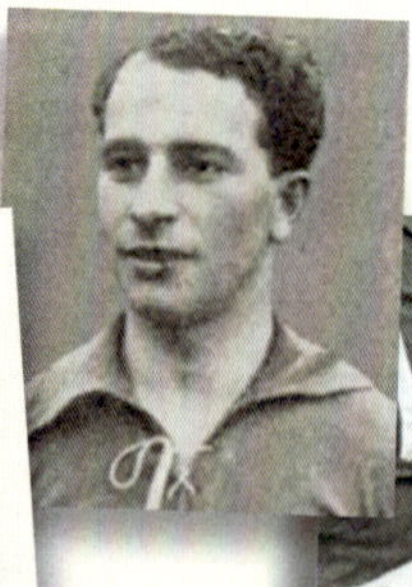

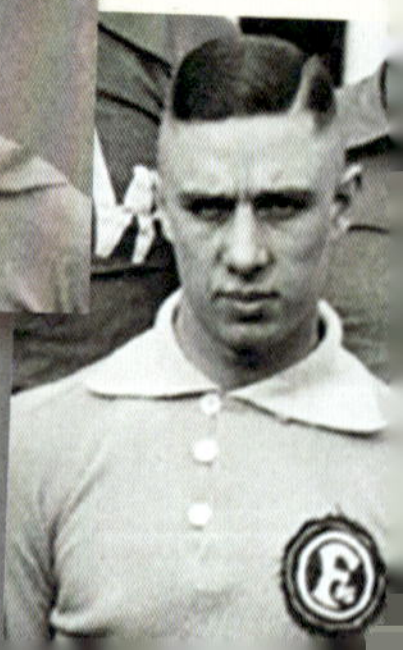

bekannt sind. Das bedeutet, dass der Arbeiterverein aus Flingern im Jahr 1926 einen, maximal zwei Arbeiter im Vorstand aufwies. Allerdings entspricht diese Berufsverteilung in Fortunas Vorständen durchaus der, die auch in den Vereinen des Arbeiter- Turn- und Sportbundes (ATSB) anzutreffen war.
Über die Berufe der Spieler aus den Gründungsjahren ist so gut wie nichts bekannt. Allerdings ist davon auszugehen, dass die überwiegende Zahl der Kicker aus dem Arbeitermilieu stammte. Sieht man sich die Meistermannschaft des Jahres 1933 an, so ergibt sich folgendes Bild: Torwart Willi Pesch war Dekorateur, Kurt Trautwein Autoschlosser, Paul Bornefeld Bankkaufmann, Paul Janes Maurer, Jakob Bender war im Baufach tätig, Theo Breuer Schlosser, Paul Mehl arbeitete in der Familienwirtschaft mit, Willi Wigold städtischer Arbeiter, Felix Zwolanowski Maler, Stanislaus Kobierski war angestellt bei Rhenania-Ossag. Georg Hochgesang war gelernter Mechaniker und galt als eine Art Scheinamateur. Allerdings ist zu beachten, dass rund die Hälfte der eingesetzten Spieler gar nicht arbeitete, sondern zumindest vorübergehend arbeitslos war.
Ein Spieler soll besonders genannt werden, nämlich August Götzinger, der im Februar 1927 zur Fortuna wechselte. Der Mittelstürmer kam vom Arbeitersportverein FT Gerresheim zu Fortuna und schrieb Fortuna-Geschichte. Am 1. Mai 1927 erzielte er gegen TuRU Düsseldorf in der 127. Minute das „Golden Goal" zur erstmaligen Teilnahme an der Endrunde zur Deutschen Meisterschaft.

Bild links: August Götzinger wird nach seinem Golden Goal am 1. Mai 1927 gefeiert.
Bild Mitte: Bernd Trautwein im Trikot der WSV-Auswahl
Bild rechts: V. l.: Paul Mehl, Jakob Bender und Theo Breuer

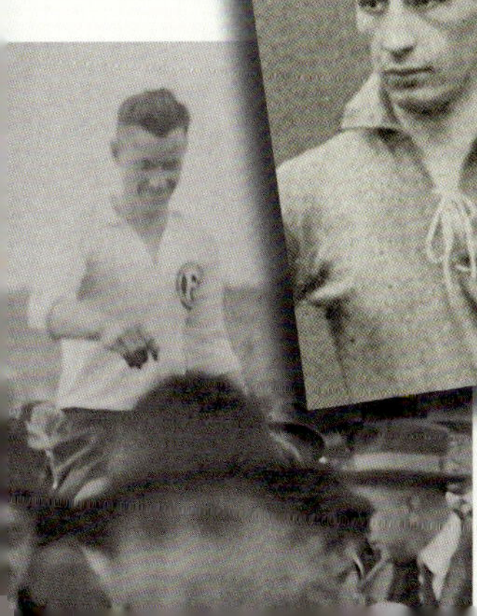
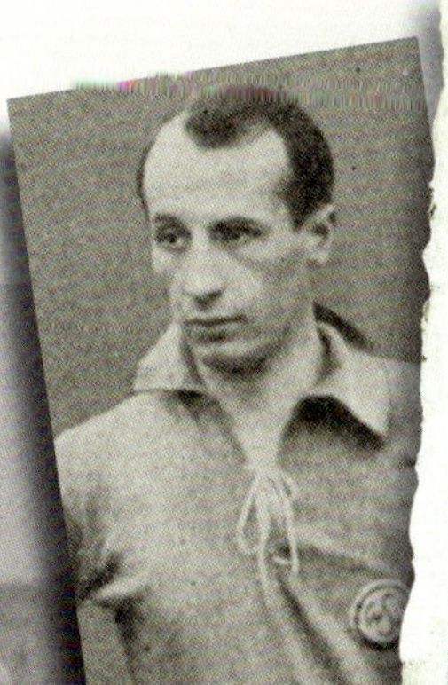
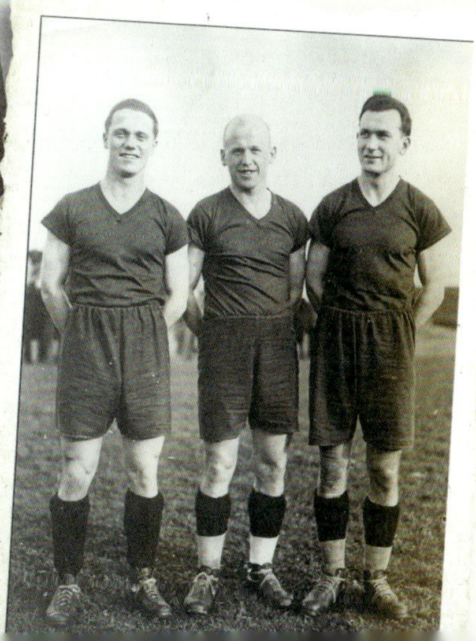

Aha

Fortuna Bakkers

Fortunas Geschichte wäre undenkbar ohne die der Gebrüder Bakkers. Die vier Holländer Matthias, Heinz, Peter und Anton Bakkers bildeten das Rückgrat des Klubs aus Flingern nach dem Ersten Weltkrieg.

Dabei glänzten Heinz, Peter und Anton eher auf dem Platz und Matthias als Funktionär. Mindestens während der Saison 1917/18 standen die drei Kicker gemeinsam auf dem Feld und wurden mit Fortuna 1911 zum Gruppensieger der Gruppe 2 in Düsseldorf ernannt. Denn in den Kriegswirren war an die Durchführung einer regulären Meisterschaft nicht zu denken: Viele Partien wurden kurzfristig abgesagt, da nicht genügend Spieler zur Verfügung standen. So absolvierte die Fortuna gerade einmal sechs Ligaspiele, diese allerdings alle siegreich mit 22:7 Toren. Dabei dürfte vor allem Peter, genannt „Pitterken", die gegnerischen Verteidigungsreihen ordentlich durcheinandergewirbelt haben. Noch in den 1920er Jahren galt er aufgrund seiner vorzüglichen Technik als Star der Fortuna. Seine mitspielenden Brüder Heinz und Anton waren fußballerisch nicht ganz so stark, übernahmen dafür aber früh andere Aufgaben im Verein. Anton wechselte in den Spielausschuss und trainierte Fortunas Jugendmannschaften, Heinz bewies als Spielerbeobachter ein gutes Auge und leitete einige wichtige Transfers ein. So sorgte er beispielsweise dafür, dass die späteren Meister Willi Wigold, Stanislaus Kobierski und Paul Mehl zur Fortuna wechselten.

Der mit Abstand wichtigste der Gebrüder Bakkers aber war der 1894 geborene Matthias. Er hatte es nicht so in den Füßen, konnte aber gut organisieren. So war er in der Lage, einen Fußballverein nicht nur zu gründen, sondern auch zu führen. Das begann am 10. Mai 1911 mit dem Fußballclub Alemania, der sich laut Satzung tatsächlich nur mit einem „n" schrieb. Von da an leitete Matthias Bakkers die Geschicke des Flingeraner Fußballs – egal unter welchem Namen und egal in welcher Funktion. Über alle zwischenzeitlichen Fusionen hinweg bis hin zum Zusammenschluss mit den Turnern des TV Flingern zur Düsseldorfer Turn- und Sportverein Fortuna 1895 im Jahr 1919 und darüber hinaus blieb er Vereinsvorsitzender.

Selbst die ersten sechs Jahre unter der NS-Diktatur überstand der Holländer unbeschadet in seinem Amt. Erst 1939 wurde er, der sich inzwischen Vereinsführer nennen musste, aus nicht nachvollziehbaren Gründen von Prof. Wilhelm Michel abgelöst. Nach dem Zweiten Weltkrieg schenkten ihm die Vereinsmitglieder erneut ihr Vertrauen und machten ihn zu ihrem Vorsitzenden. Erst ab den 1950er Jahren bröckelte sein Einfluss. Andere Männer übernahmen den Vereinsvorsitz und als Matthias Bakkers 1954 mit auf die große USA-Reise wollte, sprachen sich die Spieler gegen ihn aus – Bakkers musste zu Hause bleiben.
Noch ein Wort zu Brigitte Bakkers, der Schwester der vier Brüder: Sie knüpfte ein anderes Band zum Verein und heiratete Fortunas Läufer Ludwig Polländer.

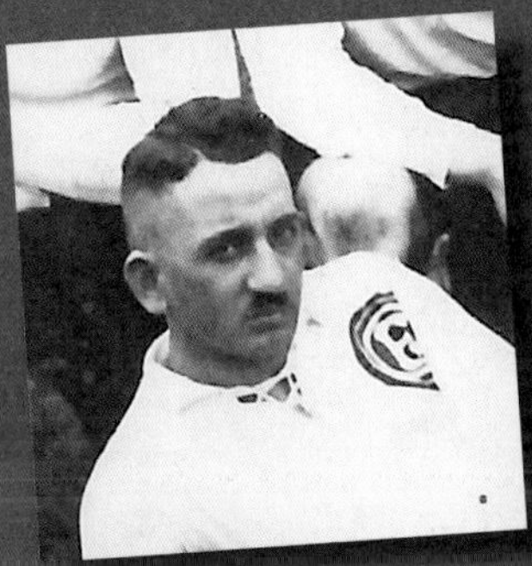

Peter Bakkers

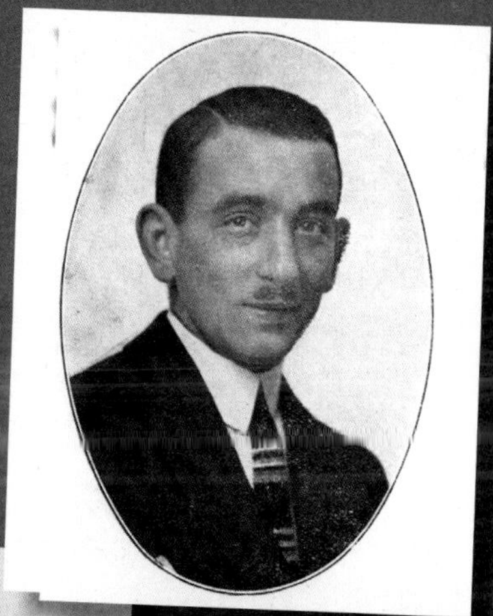

Matthias Bakkers

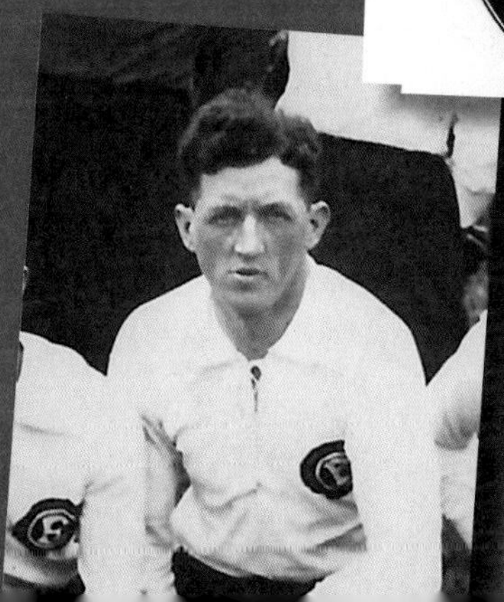

Heinz Bakkers

Aha

Ausgerechnet in Köln

„Deutscher Meister 33, nur damit es jeder weiß!"
Diese Zeile gehört zum allgemeinen Liedgut eines jeden Fortuna-Fans. Sie erinnert, in guten wie in schlechten Zeiten, an den Sieg im Meisterschaftsfinale des Jahres 1933. Das ausgerechnet in Köln stattfand!
Am 11. Juni 1933 trafen vor rund 60.000 Zuschauern die beiden damals besten westdeutschen Teams aufeinander: der FC Schalke 04 und die Fortuna. Die Flingeraner waren ohne Gegentor in dieses Endspiel gelangt und hatten den Teams von Rasensport Gleiwitz, Arminia Hannover und Eintracht Frankfurt nicht den Hauch einer Chance gelassen. Die Knappen aus Gelsenkirchen kamen mit ihren Stars Ernst Kuzorra und Fritz Szepan in die Domstadt und waren leicht favorisiert. Fortunas Trainer Heinz Körner musste auf den verletzten Internationalen Ernst Albrecht verzichten, konnte ansonsten aber seine beste Elf aufbieten.
Die Schalker begannen mit dem Wind im Rücken, doch sie lagen bereits nach elf Minuten hinten. „Sir" Felix Zwolanowski schloss eine schöne Spielkombination eiskalt ab. Die Fortuna war das bessere Team, konnte ihre Überlegenheit aber vor der Pause nicht in weitere Tore umsetzen. Das sollte sich jedoch in der zweiten Halbzeit ändern. Zunächst drückten die Knappen, doch das Tor von Willi Pesch war an jenem Nachmittag wie vernagelt. Einen Konter der Fortunen über Hochgesang und Kobierski schloss Paul Mehl erfolgreich ab. Damit sorgte Fortunas Ersatzstürmer für die Vorentscheidung. Die Schalker erholten sich nicht mehr von diesem Treffer und mussten kurz vor dem Abpfiff sogar noch das 0:3 durch Schorsch Hochgesang hinnehmen. Der Deutsche Meister des Jahres 1933 hieß verdientermaßen Fortuna Düsseldorf und die Feiern in Köln und später in Düsseldorf wollten kein Ende nehmen.
Trotz etlicher Finalteilnahmen mussten die Fans 44 Jahre auf den nächsten Titelgewinn warten. Zugegeben, die Wertigkeit des Wettbewerbs war nicht ganz so bedeutend, denn die Fortuna stand im Juni 1977 mit ihrer Reservemannschaft im Finale um die Deutsche Amateurmeisterschaft. Auch dieses Mal erreichten die Rot-Weißen das Finale ziemlich souverän. Im Finale erwartete die Fortuna, deren Elf eine gute Mischung von Ex-Profis und jungen talentierten Kickern aufwies, mit dem SV Sandhausen ein harter Brocken.
Vor rund 10.000 Zuschauern am Flinger Broich bestürmten die Fortunen 90 Minuten lang das Sandhäuser Tor. Da aber lediglich Werner Albrecht eine der vielen Torchancen nutzen konnte, blieb Sandhausen im Rennen um den Carl-Riegel-Pokal. Es wurde das

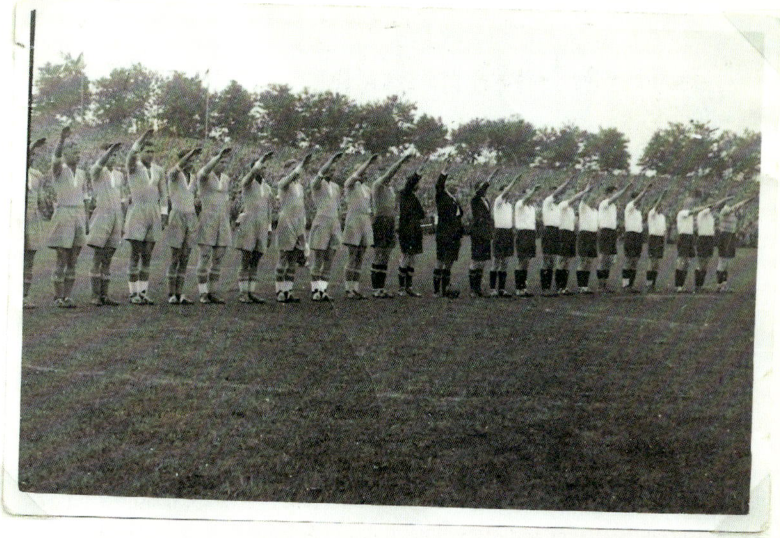

1933– mit „Deutschen Gruß“ zum ersten rein westdeutschen Meisterschaftsfinale: Schalke 04 (links) gegen Fortuna Düsseldorf

erwartet enge Rückspiel zwischen den beiden Amateurklubs. Zweimal gingen die Flingeraner in Führung, zweimal gelang Sandhausen der Ausgleich. Schließlich retteten die Fortunen das 2:2 bis zum Schlusspfiff, durften sich Deutscher Amateurmeister nennen und ebenfalls ordentlich feiern.

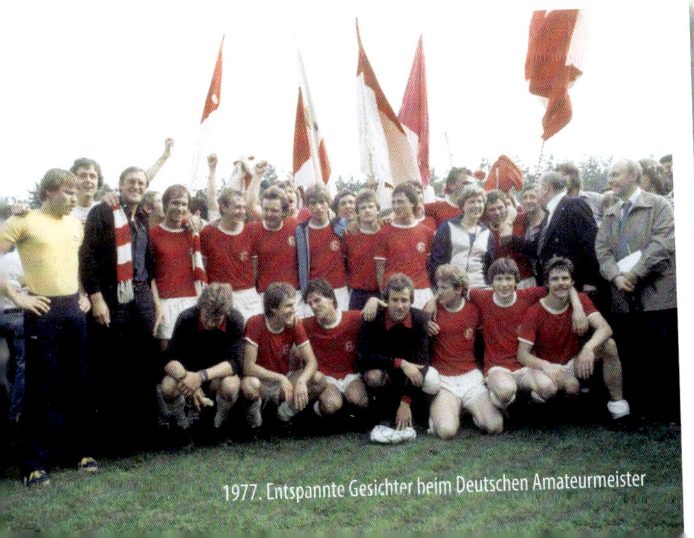

1977. Entspannte Gesichter beim Deutschen Amateurmeister

Aha

Rot und Weiß – und sonst?

„Was Tradition angeht, kann uns keiner das Wasser reichen", stellte Fortunas Vorstandschef Thomas Röttgermann beim Neujahrsempfang 2020 fest. Das sieht bestimmt nicht jeder so in Deutschland, auch wenn man sich nicht gleich so herablassend gegenüber der Fortuna äußern muss, wie es Dietmar Hopp, SAP-Mitgründer und Mäzen der TSG Hoffenheim, im Mai 2008 getan hat: „Das ganze Gerede von Tradition verstehe ich nicht. Sehr viele Traditionsvereine sind längst verschwunden, oder wollen wir jetzt Fortuna Düsseldorf zurück in die Bundesliga holen?" Nur zur richtigen Einordnung dieser Äußerung: Fortuna spielte zu dem Zeitpunkt in der 3. Liga und stand kurz vor dem Wiederaufstieg in die 2. Bundesliga. So anmaßend Röttgermanns Aussage einerseits war, so dumm war andererseits Hopps rhetorische Frage, für die er sich später entschuldigte. Doch eines ist auf jeden Fall klar: Tradition schießt keine Tore und man kann sich nichts davon kaufen.

Der älteste fußballspielende Vorgängerverein der Fortuna war der 1908 gegründete Düsseldorfer Sportklub Spielverein. Die 1911 vom weiteren Vorgängerverein, der Alemania 1911, festgelegten Vereinsfarben, nämlich Rot und Weiß, gelten bis heute. Wenn das keine Tradition ist?

Doch offensichtlich waren sich gut 100 Jahre später die Verantwortlichen der Fortuna selbst nicht mehr so sicher, welche Art von Verhaltensweisen, Ideen und Kultur überhaupt die Tradition des Vereins aus Flingern ausmachen. Mitte der 2010er Jahre startete der Klub eine umfangreiche Umfrageaktion und ließ rund 3.000 Faninterviews führen, um den „Kern der Fortuna", die sogenannte DNA, zu entschlüsseln. Drei Jahre später dann der große Wurf, oder? Das Ergebnis auf die Frage „Wer sind wir?" ergab folgende Antworten: Tradition, Heimat, Gemeinschaft, Respekt. Darauf dürfte sich so ziemlich jeder Klub Deutschlands berufen. Das Ergebnis auf die Frage nach dem „Wie sind wir?" lautete: „Mit Ecken und Kanten", „leidensfähig", „humorvoll" und „mutig". Auch hier dürfte die Übereinstimmung mit anderen Vereinen recht groß sein. Für die Fortuna gilt auf jeden Fall ab 2017, dass die gemeinsam mit einem Teil der Fans entwickelte DNA „für jeden Vereinsmitarbeiter Orientierung und Verpflichtung zugleich" bedeuten soll. Zudem wurde

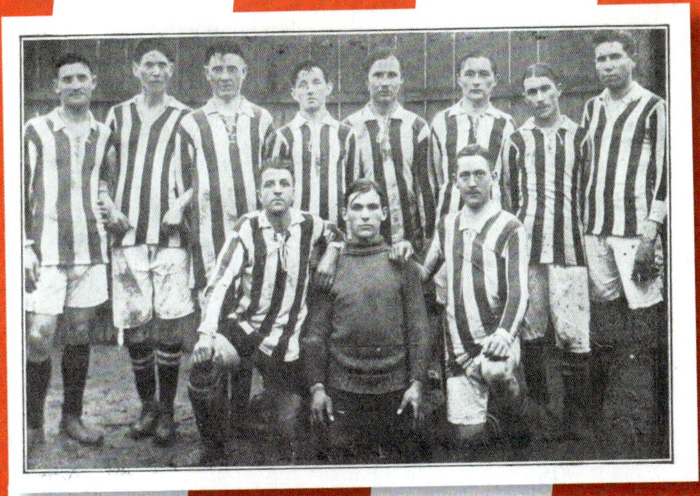

Fortunas
1. Mannschaft
im Jahr 1918

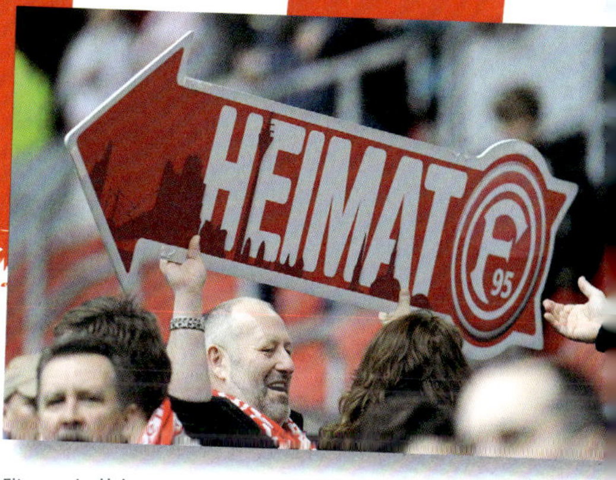

Flingern ist Heimat

noch einmal bekräftigt, dass die Vereinsfarben Rot und Weiß bleiben.
Um wenigstens ein Alleinstellungsmerkmal aufweisen zu können, wurde eine in Anlehnung an das gerundete „F" im Fortunalogo eine „eigene Hausschrift" entwickelt, die „Fortuna Sans". So eine Hausschrift schießt zwar ebensowenig Tore wie eine DNA oder Tradition, doch immerhin ist sie bundesweit einzigartig.
Zurück zur Tradition. Selbstverständlich handelt es sich bei der Düsseldorfer Fortuna um einen von vielen deutschen Traditionsvereinen. Nur dürfte er mit Ausnahme der eigenen Schrift über kein sonstiges Alleinstellungsmerkmal verfügen …

Aha

Spiele für die Ewigkeit

Zweimal siegte die Fortuna in der Bundesliga mit 7:0: 1983/84 gegen Dortmund und 1989/90 gegen St. Pauli. Statistisch bedeutsam, ohne Frage, aber Spiele für die Ewigkeit waren das eher nicht. Daher eine völlig subjektive Auswahl solcher Spiele:

1. Mai 1927, Rheinstadion, Düsseldorf
FORTUNA – TuRU Düsseldorf 2:1 (nach Golden Goal)
Erstmalige Qualifikation für die Endrunde zur Deutschen Meisterschaft

11. Juni 1933, Müngersdorfer Stadion, Köln
FORTUNA – FC Schalke 04 3:0
Deutsche Meisterschaft

7. Juni 1975, Rheinstadion, Düsseldorf
FORTUNA – FC Bayern München 6:5
Sieg gegen die Bayern nach 2:4-Halbzeitstand

9. Dezember 1978,
Rheinstadion, Düsseldorf
FORTUNA – FC Bayern München 7:1
Bis heute die höchste Bundesliga-Auswärtsniederlage der Bayern

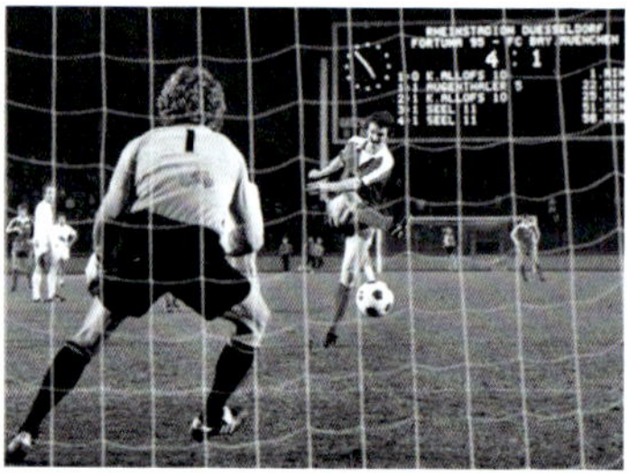

1978: 7:1 gegen den FC Bayern München (hier erzielt Gerd Zimmermann per Elfmeter das 5:1)!

16. Mai 1979, St. Jakob-Stadion, Basel
FORTUNA – FC Barcelona 3:4 (n.V.)
Finale im Europapokal der Pokalsieger

23. Juni 1979, Niedersachsenstadion, Hannover
FORTUNA – Hertha BSC Berlin 1:0 (n.V.)
Erster DFB-Pokalsieg

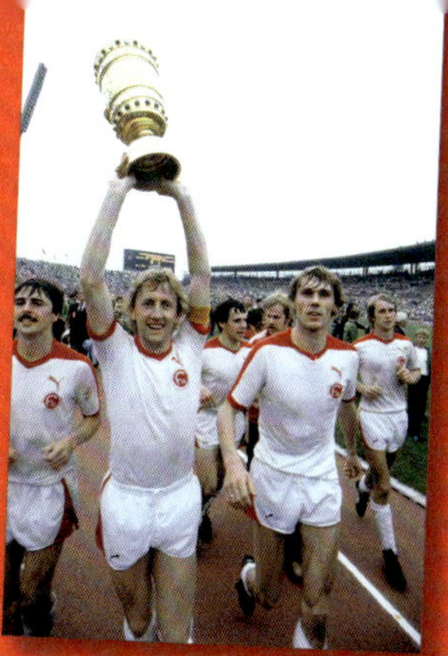

1979: Feiernder DFB-Pokalsieger Düsseldorf mit (v. l.) Klaus Allofs, Gerd Zewe und Rudi Bommer

18. Juni 1995,
Stadion – An der Gellertstraße, Chemnitz
Chemnitzer FC – FORTUNA 0:2
Wiederaufstieg in die 1. Bundesliga

18. September 1995,
Rheinstadion, Düsseldorf
FORTUNA – FC Bayern München 3:1
Der Aufsteiger wirft in der zweiten Runde des DFB-Pokals die Bayern raus.

29. Mai 2003, Paul-Janes-Stadion, Düsseldorf
FORTUNA 1993 – FORTUNA 2003 2:4
Mythos-Spiel

10. Mai 2009, Eintrachtstadion, Braunschweig
Eintracht Braunschweig – FORTUNA 5:5
Ein absolut irres Spiel im Aufstiegskampf

10. Mai 2012, Olympiastadion, Berlin
Hertha BSC Berlin – FORTUNA 1:2
Auftaktsieg in der Relegation nach 0:1-Rückstand

13. Mai 2018, Max-Morlock-Stadion, Nürnberg
1. FC Nürnberg – FORTUNA 2:3
Zweitligameisterschaft in der Nachspielzeit nach 0:2-Rückstand

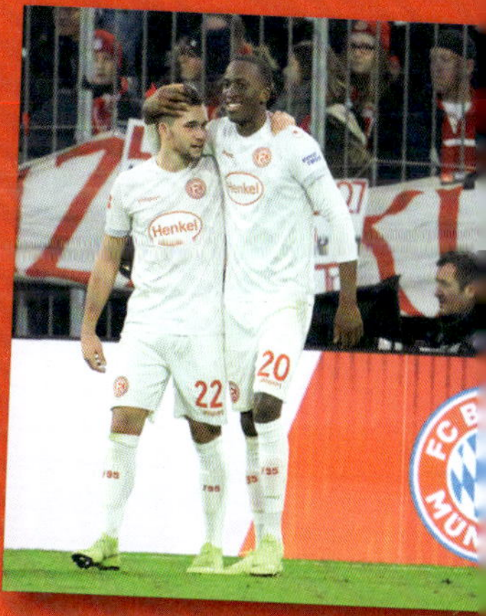

24. November 2018, Allianz Arena, München
FC Bayern München – FORTUNA 3:3
Punktgewinn des Aufsteigers nach zweimaligem Zwei-Tore-Rückstand beim Serienmeister

2018: Dodi Lukébakio (r.) und Kevin Stöger waren in München nicht zu schlagen

Für eine Handvoll Brote

In Fortunas langer (Transfer-)Geschichte steht Schorsch Hochgesang für einen ganz besonderen Moment. Der 30-jährige Stürmer, mehrfacher Meister mit dem 1. FC Nürnberg und sechsfacher Internationaler, kam 1928 nach Flingern. Mit Hochgesang holte der Verein erstmals einen Topspieler an den Flinger Broich, und mit ihm wurde die Fortuna 1933 Deutscher Meister. Hochgesang wurde laut eigener Aussage mit dem Versprechen nach Düsseldorf geholt, dass ihm später einmal ein Zigarrengeschäft eingerichtet werde. Noch 1958 beschwerte er sich darüber, dass dieses Versprechen nicht eingehalten worden war. Fortunas Vorstand erteilte Hochsangs Forderung jedoch eine Absage, da der Vorgang „schon 30 Jahre zurückliegt".

Im Herbst 1945 verpflichtete die Fortuna den 20-jährigen Matthias Mauritz, der eigentlich eher eine Vorliebe für Tennis und Hockey hatte. Sein Fußballtalent fiel bei einem Freundschaftsspiel zwischen einer Auswahl des Düsseldorfer Rethelgymnasiums, wo Mauritz früher zur Schule ging, und Fortunas dritter Mannschaft auf. Auch ihm wurde etwas versprochen, wenn er künftig für die Fortuna aufliefe. „Jede Woche zwei Pfund Fleisch, zwei Brote und ein Abendessen", sagte ihm Fortunas Manager Toni Rudolph zu. Wertvolle Dinge in der Nachkriegszeit, so dass Mauritz zusagte. Es ist unwahrscheinlich, dass Rudolph sein Versprechen brach, denn der „Matthes" blieb dem Verein treu und wurde schließlich zu einer Fortuna-Legende.

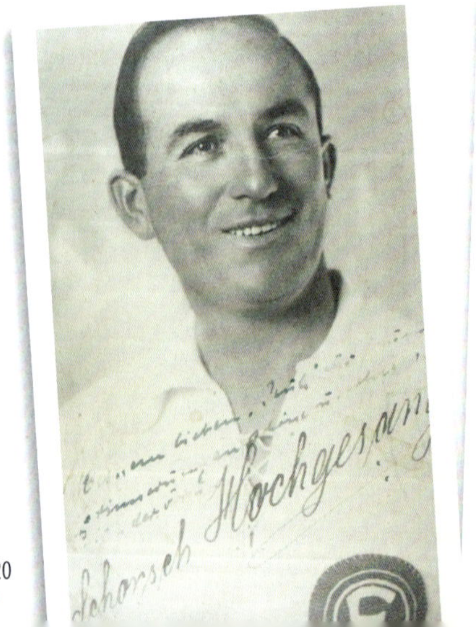

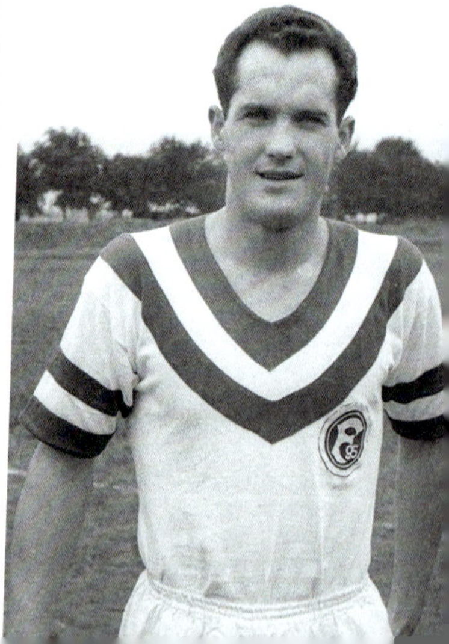

Aha!

Extra

In den 1950er Jahren wurden Spieler häufig nach Düsseldorf gelockt, indem ihnen ein festes Arbeitsverhältnis mit einem Mindestgehalt bei einem lokalen Unternehmen versprochen wurde. Martin Gramminger erhielt zwar 1952 bei seinem Wechsel nach Düsseldorf einen Job bei Henkel, reklamierte drei Jahre später jedoch das unzureichende Monatsgehalt, das lediglich bei 375 Mark lag und nicht bei den versprochenen 500 Mark. Deshalb wollte er 1955 seinen Vertrag nur verlängern, wenn ihm von der Fortuna eine Stelle mit dem zugesagten Gehalt vermittelt werde. Der Vorstand beschloss, Gramminger eine Einmalzahlung von 1.000 Mark anzubieten. Da er weiterhin für die Fortuna kickte, ist davon auszugehen, dass sich die Beteiligten irgendwie einigen konnten.
Viel Pech hatte die Fortuna mit der Verpflichtung von Jupp Derwall zur Saison 1953/54. Sein Ex-Verein Alemannia Aachen erteilte Derwall keine Spielfreigabe, so dass der Mittelfeldregisseur ein Jahr lang kein Pflichtspiel absolvieren durfte. Und dann ist da noch der Fall des Slowaken Karol Praženica. Er sollte zur Saison 1999/2000 die Fortuna verstärken und machte die gesamte Saisonvorbereitung mit. Der Slowake erhielt aber keine Spielgenehmigung seines Verbands, weil sich seine bisherigen Klubs nicht auf eine Ablösesumme einigen konnten. So musste die Fortuna ganz auf seine Dienste verzichten.

Links: 1928 verpflichtet die Fortuna ihren ersten Superstar: Georg „Schorsch" Hochgesang.

Rechts: „Matthes" Mauritz

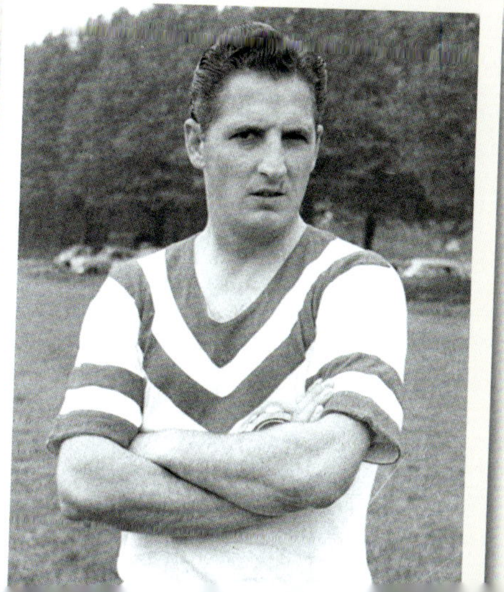

Jupp Derwall

Aha! Extra

Leblose Tiere

Bei der Düsseldorfer Fortuna gibt es weder eine Vereinshymne noch ein Maskottchen, obwohl einige Versuche unternommen wurden, ein identitätsstiftendes Plüschtier als Vereinsmaskottchen zu installieren. Doch die sind alle mehr oder weniger krachend gescheitert.

Aber von Anfang an: Das wahrscheinlich allererste Maskottchen war ein Affe. Auf einem Mannschaftsfoto eines der Vorgängervereine der Fortuna, dem Fußballklub Fortuna 1911, sitzt ein kleiner Affe vor der Elf. Auch er trägt einen rot-weiß-quergestreiften Dress. Sein Name ist unbekannt, sein Ableben ebenfalls.

Der nächste Versuch wurde Ende 1976 gestartet. Um „in Düsseldorf mehr Interesse für den Fußball" zu wecken, so Präsident Kurt Schneider, präsentierte der Klub einen zweischwänzigen Löwen im Fortuna-Dress. Eine „Löwen-Jury" taufte ihn „Zimbo". Die zwei Schwänze hatte das Maskottchen vom Düsseldorfer Stadtwappen, dem Bergischen Löwen. Den Namen bekam es in Anlehnung an die gefährlichen Weitschüsse des damaligen Fortuna-Vorstoppers Gerd Zimmermann, nämlich den „Zimmermann Bomben", also Zimbo. Fortan zierte er die Spielankündigungsplakate und turnte albern am Spielfeldrand rum. Doch bereits während seines letzten offiziellen Auftritts im Mai 1980 als Posterboy auf dem Cover der Stadionzeitung „Fortuna Aktuell" lag der Plüschlöwe schon leblos in den Katakomben des Rheinstadions und gammelte vor sich hin.

Das letzte Fortuna-Maskottchen hatte ein noch kürzeres Leben. Im Herbst 1996 stellte Fortunas Präsident Jürgen Hauswald eine prominent besetzte Maskottchen-Findungs-Jury zusammen, zu der unter anderem Frank Mill, Jörg Immendorff und Helge Achenbach zählten. Die entschied sich für das Werk des zehnjährigen Jonas Tomaschoff, der einen Tukan zeichnete. Bei der offiziellen Präsentation des noch namenlosen Maskottchens im Februar 1997 war die Rede von Treue, Witz, Geschicklichkeit und einem „tapferen, ehrlichen Kämpferherz". So ganz überzeugt von den zugeschriebenen Eigenschaften schien zumindest Fortunas Marketingleiterin Karin Berghoff nicht gewesen zu sein. Sie suchte den Rat eines Zoologen, dessen ernüchternde Antwort lautete: „Tukans schlafen den ganzen Tag und paaren sich auf Bäumen. Mehr gibt es dazu nicht zu sagen."

Was tun? „Das Strichtier wurde hin- und hergereicht, von Werbeleuten überarbeitet, gedreht, gewendet, wegsortiert, zur erneuten Prüfung wieder hervorgeholt und schließlich ignoriert", analysierte Frieder Feldmann im Fanzine Nimm mich Volley das weitere Geschehen. Lediglich einmal, nämlich auf dem Adventskalender des Jahres 1997, tauchte der Tukan in offizieller Mission auf: Er saß auf dem Schlitten des Weihnachtsmanns. Wahrscheinlich ist er von dort in den Schnee gefallen und nicht wiedergefunden worden – noch nicht einmal nach der Schneeschmelze. Vermisst hat ihn niemand.

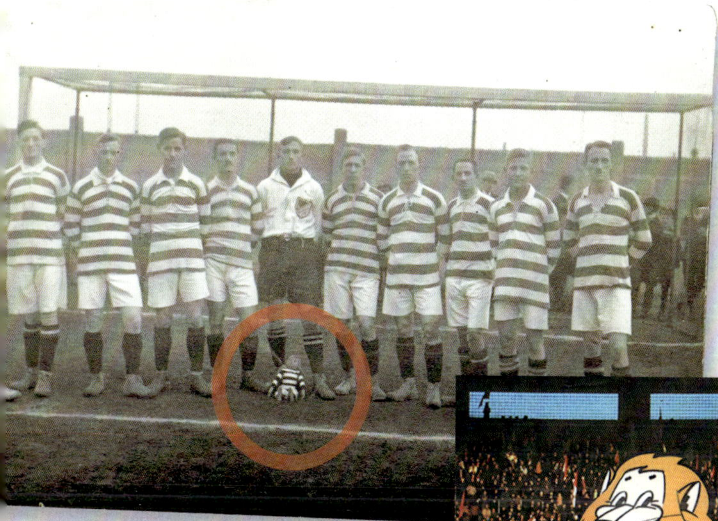

Fortunas erstes Maskottchen, ein Affe (ca. 1911)

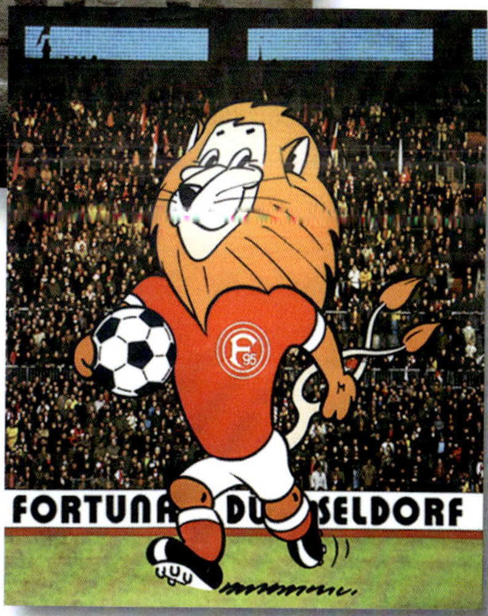

1977: Fortunas zweites Maskottchen, ein Flop

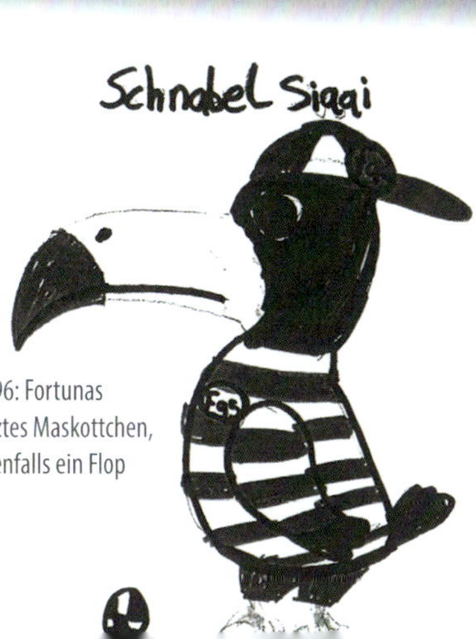

1996: Fortunas letztes Maskottchen, ebenfalls ein Flop

Aha

Von Asche bis Arena

Als sich die belächelte und mitunter bekämpfte Fußlümmelei zu Beginn des 20. Jahrhunderts langsam ausbreitete, fehlte es an vernünftigen Bällen, an einheitlicher Kleidung, an geeigneten Schuhen und natürlich an Sportplätzen. Beliebte Austragungsorte sogenannter Gesellschaftsspiele waren deshalb vor allem Wiesen, zum Beispiel die Rheinwiesen, die zu improvisierten Spielfeldern umgestaltet wurden. Fortunas Vorgängervereinen erging es in Flingern nicht anders. Gelegentlich konnte der vom ATSB angelegte Kartellsportplatz genutzt werden. Von 1911 bis 1918 verfügte die Fortuna über einen Aschenplatz, zunächst an der Hans-Sachs-Straße, später am Lichtplatz. Anschließend mussten die Flingeraner ausschließlich Auswärtsspiele bestreiten, denn sie hatten keine Heimat mehr. Erst in der zweiten Hälfte des Jahres 1919 konnte ein Gelände an der Vennhauser Straße gepachtet und als Sportplatz in Eigenregie hergerichtet werden. Es gab eine Tribüne, eine Kabine sowie eine Kantine namens „Dat Lehmhüske". Was es nicht gab, war Rasen, denn es handelte sich um einen Aschenplatz.

Das sollte sich erst 1930 ändern, unter anderem auf besonderen Wunsch von Fortunas erstem prominentem Neuzugang, dem Nürnberger Meisterspieler Georg Hochgesang. Die Flingeraner bekamen von der Stadt ein Sumpfgelände (Broich) zugewiesen. Nun hieß es wieder: „Alle Mann anpacken", denn die Arbeiten wurden einmal mehr eigenständig erledigt. Inklusive des Tribünenabbaus an der Vennhauser Straße und des Wiederaufbaus am Flinger Broich, der erst zwei Jahre später abgeschlossen werden konnte. Ende September 1930 lief Fortunas Elf erstmals am Flinger Broich ein und siegte 2:0 gegen den SSV Oberkassel. Hochgesang erzielte übrigens den ersten Treffer auf dem neuen

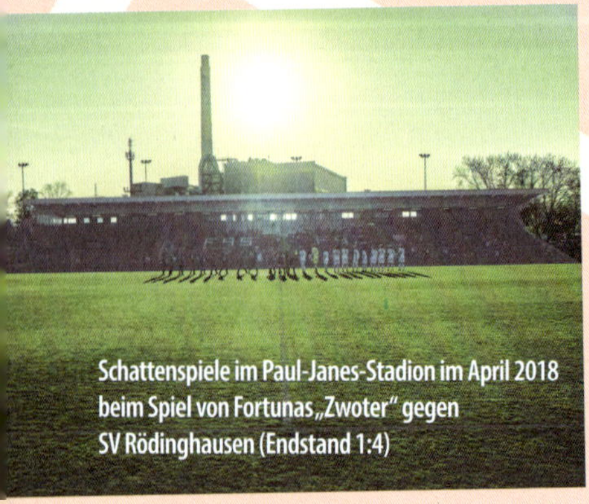

Schattenspiele im Paul-Janes-Stadion im April 2018 beim Spiel von Fortunas „Zwoter" gegen SV Rödinghausen (Endstand 1:4)

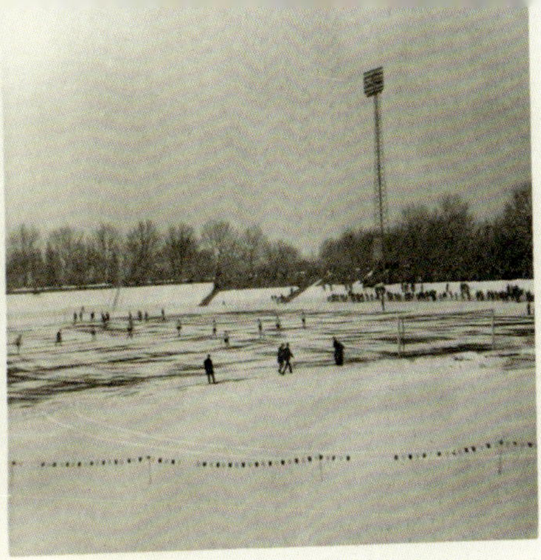

Fortuna-Platz. Bis heute wird die Anlage, die seit 1990 Paul-Janes-Stadion heißt, genutzt. Zwischenzeitlich sah es manchmal aus wie in einer Bruchbude, doch auch legendäre Spiele vor bis zu 36.000 Zuschauern wurden dort ausgetragen. Ansonsten wich die Fortuna für „große" Partien ins 1925 eröffnete Rheinstadion aus. Das städtische Stadion, das maximal eine Kapazität von 74.000 Plätzen hatte, diente erst ab der Saison 1952/53 ausschließlich als Austragungsort für Fortunas Heimspiele. Leider konnte sie das schöne mit einer Laufbahn versehene Stadion so gut wie nie füllen, selbst in ihren besten Jahren nicht. Ausverkauft war es eher bei WM- (1974) oder EM-Spielen (1988), oder bei Konzerten, die ab den 1990er Jahren im großen, „Schüssel" genannten Oval stattfanden. Trotz einiger Umbaumaßnahmen war das Rheinstadion gegen Ende des 20. Jahrhunderts ziemlich „marode", so Aleks Spengler, Fortunas langjähriger Mannschaftsbetreuer. Zudem sorgte die sportliche Flaute des Hauptmieters für einen weiteren Zuschauerschwund und eine oftmals trostlose Stimmung. Als sich 2001 die Stadt auf Initiative ihres OB Joachim Erwin für einen Stadionneubau entschied, hatte sich das Thema „Schüssel" erledigt. Rot-Weiss Essen hieß am 3. März 2002 der letzte Gegner

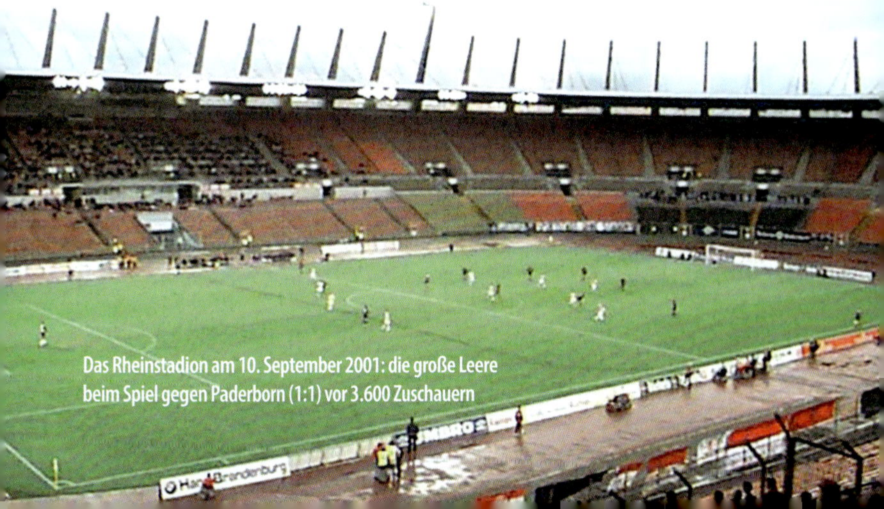

Das Rheinstadion am 10. September 2001: die große Leere beim Spiel gegen Paderborn (1:1) vor 3.600 Zuschauern

der Fortunen und Ganiyu Shittu konnte sich als letzter Flingeraner Torschütze ins Geschichtsbuch eintragen (Endstand der Regionalligapartie: 1:1). Im August 2002 begann die Sprengung und die Schüssel versank in Schutt und Asche. Der daraus entstandene Phönix entpuppte sich als Multifunktionsarena ohne Stehplätze und wurde gut zwei Jahre später mit dem Ligaspiel gegen Union Berlin eingeweiht (erster Torschütze beim 2:0 war übrigens Gustav Policella). Die bunten Sitze waren staubig, wenn sie überhaupt schon angeschraubt waren, doch über 38.000 Zuschauer wollten sich die Eröffnung nicht entgehen lassen. Wie das so ist in einem neuen Wohnzimmer, es kam zu einigen Umräumaktionen, Umbenennungen und Verbesserungen inklusive Stehplatzbereichen, doch inzwischen ist es ganz heimelig geworden. So heimelig sogar, dass neue Fans gewonnen werden konnten (zugegeben, einige alte haben die Arena noch nie betreten) und ausverkaufte Spiele (aktuell bei 54.600 Zuschauern) keine Seltenheit mehr sind. Alles bestens, oder? Im Prinzip schon, wären da nicht die Finanzen, doch die werden im Kapitel „Rechenkunststücke" behandelt.

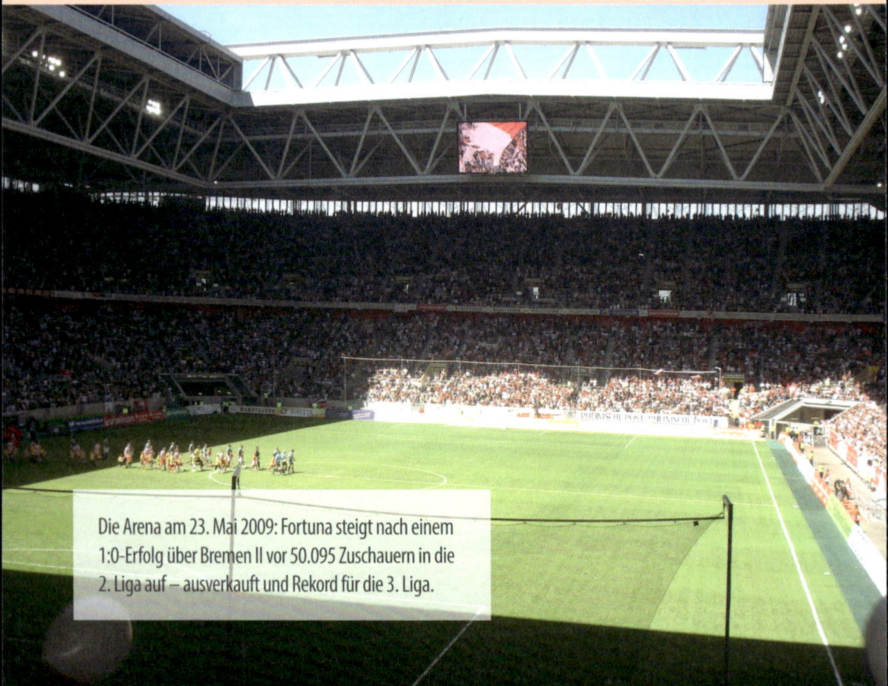

Die Arena am 23. Mai 2009: Fortuna steigt nach einem 1:0-Erfolg über Bremen II vor 50.095 Zuschauern in die 2. Liga auf – ausverkauft und Rekord für die 3. Liga.

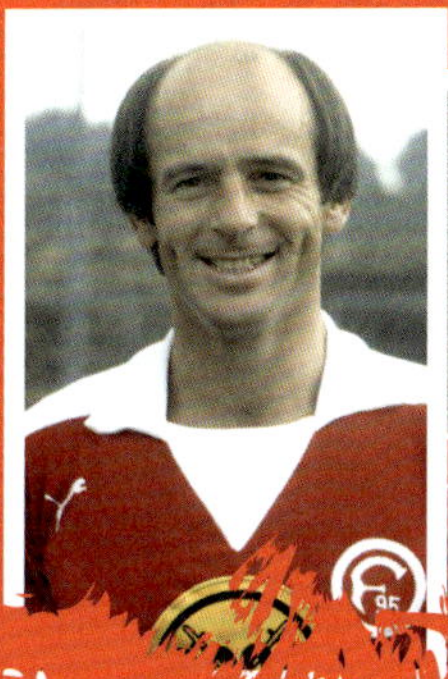
Egon Köhnen

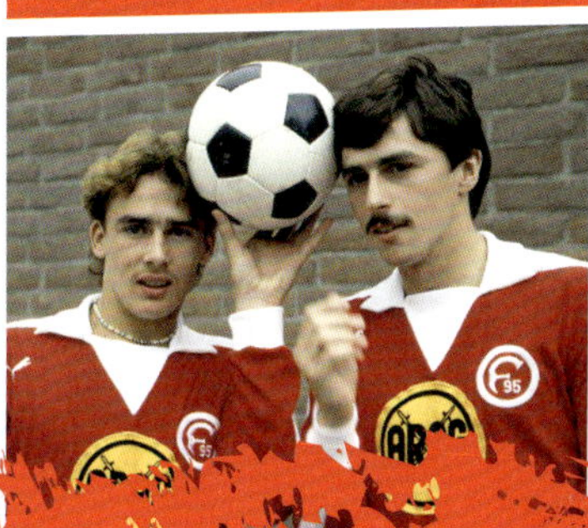
Thomas (l.) und Klaus Allofs

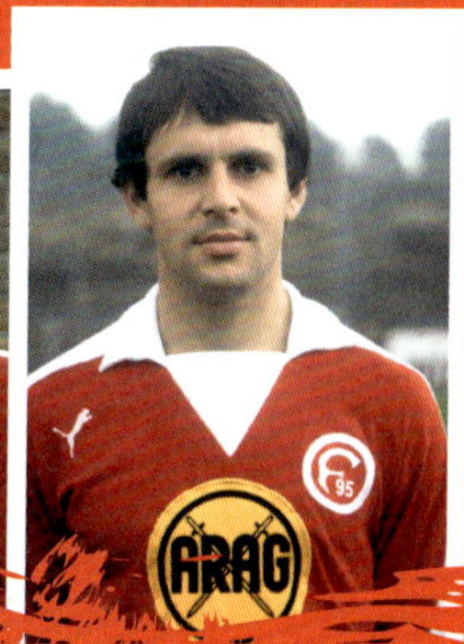
Wolfgang Seel

Träume und Legenden

Im Jahr 2009 ermittelte die Fortuna mittels einer Online-Abstimmung die legendärsten Spieler nebst Trainer aller Zeiten. Zum 125-jährigen Jubiläum ließ die Rheinische Post ihre Leser und Leserinnen über die Traumelf der Rot-Weißen abstimmen. Dabei ergab sich ein leicht unterschiedliches Bild. Toni Turek, Paul Janes, Gerd Zewe, Egon Köhnen, Andreas Lambertz, Wolgang Seel sowie Thomas und Klaus Allofs schafften es sowohl in die Legenden- als auch die Traumelf. 2020 kamen für die noch elf Jahre vorher auserwählten Gerd Zimmermann, Rudi Bommer und Josef Weikl neu in die Elf: Erich Juskowiak, Oliver Fink und Matthias Mauritz. Als Traumtrainer löste zudem Friedhelm Funkel den 2009 gewählten Aleksandar Ristić ab. Mit Oliver Fink hat es sogar ein im aktuellen Kader stehender Kicker in die RP-Traumelf geschafft. Doch nach wie vor, allerdings nicht mehr ganz so stark wie 2009, dominieren Spieler aus den 1970er Jahren.
Die Allzeit-Lieblingself des Autors würde in folgender Formation spielen: Georg Koch, Heiner Baltes, Peter Biesenkamp, Kurt Borkenhagen, „Carlo" Werner, Sascha Rösler, Ken Ilsø, Jörg Albertz, Ernst Albrecht, Reiner Geye, Peter Meyer. An der Seite dieser Auswahl stünde Dietrich Weise, der daraus bestimmt ein formidables Team geformt hätte.

Kein Mann großer Worte

71 Länderspiele absolvierte Paul Janes während seiner Zeit als Fortune. Auf den Plätzen zwei und drei folgen Erich Juskowiak (30 Länderspiele als Fortune, insgesamt 31 Einsätze) und Stanislaus Kobierski (26 Einsätze). Klaus Allofs kam insgesamt auf 56 internationale Einsätze, aber davon nur 21 während seiner Zeit als Fortuna-Stürmer.
Doch zurück zu Fortunas Rekordinternationalem. Paul Janes, am 11. März 1912 in (Leverkusen-) Küppersteg geboren, kam aus einer fußballbegeisterten Arbeiterfamilie. Paul hatte sieben ältere Geschwister, davon sechs Brüder. Willi, Jahrgang 1897, gehörte zu den Gründungsmitgliedern des Sportvereins Jahn Küppersteg und begeisterte alle Jungs der Janes-Familie für den Fußball, auch den Jüngsten Paul. Schnell drehte sich bei ihm alles um den Ball und wenig um seine schulischen Leistungen. 1926 endete seine achtjährige Schulzeit mit dem Abschlusszeugnis der sechsten Klasse. Seine Vorteile lagen eindeutig woanders.
Schon als 16-jähriger wirkte er in Jahns erster Mannschaft mit und mit 18 Jahren wechselte er zur Fortuna. Als Grund hierfür gab er seine „wirtschaftliche Notlage" an, denn der gelernte Maurer Janes war wiederholt arbeitslos. Weihnachten 1930 durfte er erstmals mit Fortunas erster Elf in einem Freundschaftsspiel auflaufen, hatte aber damit noch keinen Stammplatz. Die Verletzung eines Mannschaftskollegen führte zwei Monate später zu seinem ersten Pflichtspieleinsatz und er entwickelte sich zum Stammspieler, zunächst als rechter Läufer, später als rechter Verteidiger.
Nun nahm Janes' Karriere Fahrt auf. 1932 das erste Länderspiel, 1933 die Deutsche Meisterschaft mit der Fortuna. Das Arbeiterkind aus Küppersteg durfte weite Reisen (sogar mit dem Flugzeug) unternehmen, übernachtete in First-Class-Hotels, nahm an zwei Weltmeisterschaften teil und fand schließlich einen sicheren Job bei der Stadt Düsseldorf, der eigens für ihn als „Botschafter" der Stadt geschaffen wurde. Bis zum 22. November 1942 streifte sich Paul Janes das Trikot der deutschen Nationalelf über, das 70-mal mit einem Hakenkreuz auf der Brust versehen war. Das dürfte ihn nicht gejuckt haben, denn Politik interessiert ihn gar nicht. So ist keine politische Äußerung des Ausnahmefußballers überliefert. Das ist aus zwei Gründen nicht weiter überraschend. Erstens verhielt er sich wie die meisten seiner Mannschaftskollegen als Mitläufer. Und zweitens war Janes kein Mann großer

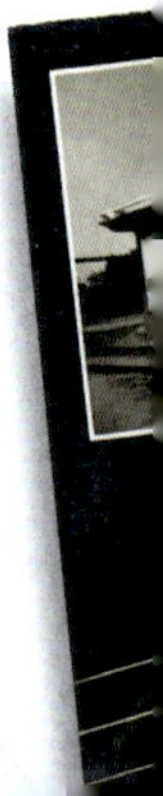

Worte. So beantwortete er unmittelbar nach der WM 1934 in Italien, bei der Deutschland überraschend Dritter wurde, die Reporterfrage, wie es in Italien gewesen sei, mit einem Wort, nämlich „warm".
Nach dem Zweiten Weltkrieg, den er als Soldat unbeschadet überstand, spielte er weiter für seine Fortuna, konnte aber nicht mehr an seine früheren Leistungen anknüpfen. Janes, der einen überragenden Schuss hatte, absolvierte sein letztes Spiel für die Flingeraner am 26. November 1950. Er versuchte sein Glück fortan als Trainer, ohne dabei besonders zu überzeugen. Glücklicher verlief da schon seine Ehe mit Gerta, mit der er seit 1938 verheiratet war. Paul Janes verstarb am 12. Juni 1987 in Düsseldorf. Drei Jahre später wurde Fortunas Sportstätte am Flinger Broich umbenannt in Paul-Janes-Stadion. Eine Ehrung, die ihm bestimmt gefallen hätte.

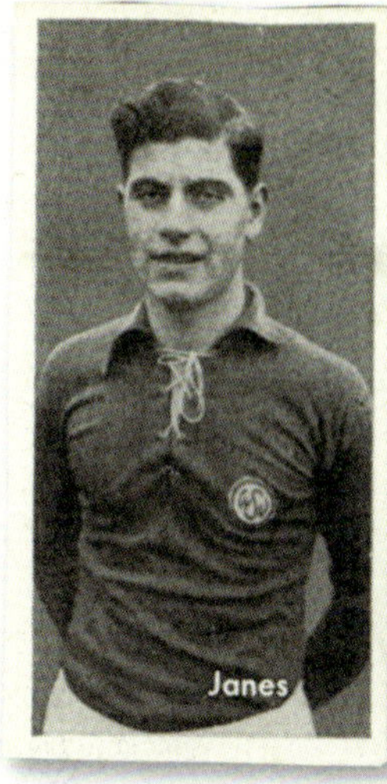

Paul Janes im Trikot der WSV-Auswahl

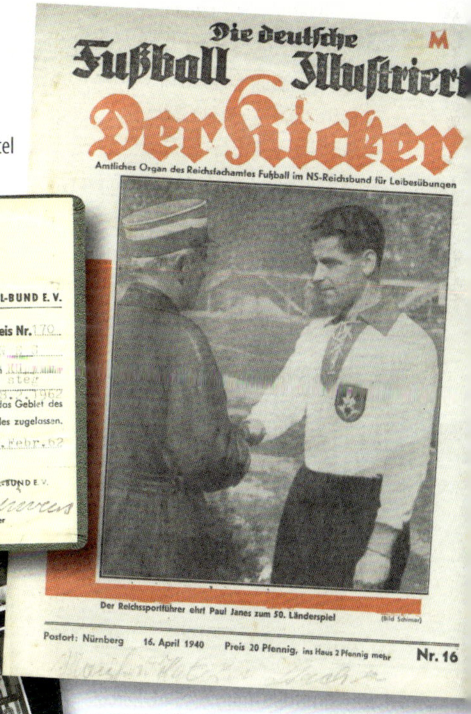
Die deutsche Fußball Illustrierte
Der Kicker
Amtliches Organ des Reichsfachamtes Fußball im NS-Reichsbund für Leibesübungen
Der Reichssportführer ehrt Paul Janes zum 50. Länderspiel (Bild Schirner)
Postort: Nürnberg 16. April 1940 Preis 20 Pfennig, ins Haus 2 Pfennig mehr Nr. 16

Auf dem Kicker-Titel

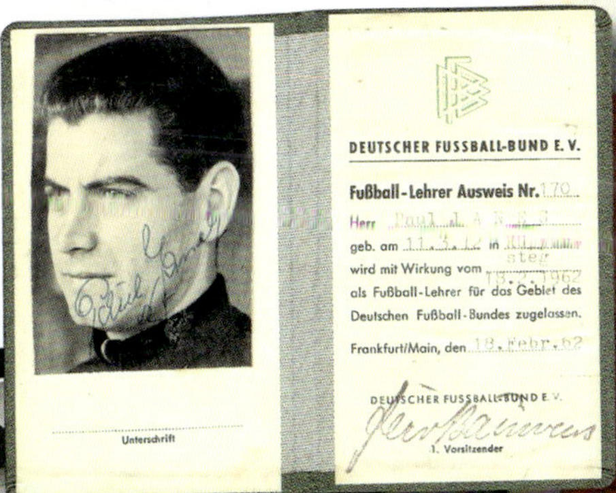
DEUTSCHER FUSSBALL-BUND E. V.
Fußball-Lehrer Ausweis Nr. 170
Herr Paul J A N E S
geb. am 11. 3. 12 in Küppersteg
wird mit Wirkung vom 13. 2. 1962
als Fußball-Lehrer für das Gebiet des Deutschen Fußball-Bundes zugelassen.
Frankfurt/Main, den 13. Febr. 62
DEUTSCHER FUSSBALL-BUND E. V.
1. Vorsitzender
Unterschrift

Trainerausweis

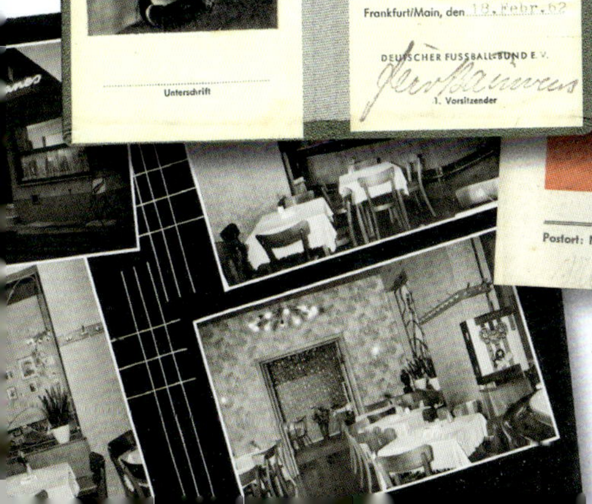

Ab 1957 hieß bei Paul Janes seine Gäste in der Sportklause in Küppersteg Willkommen

Killer und Opfer

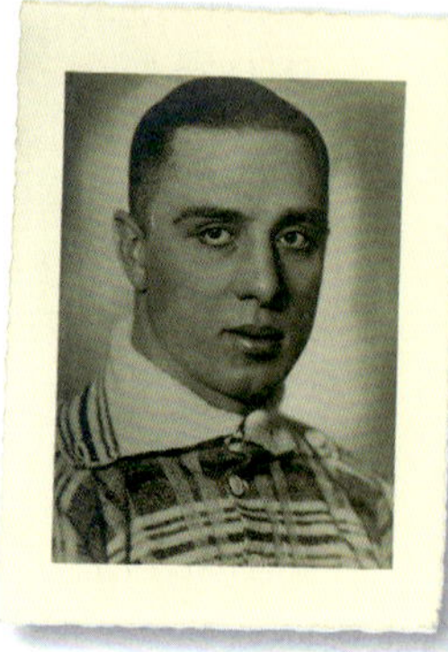

Elfmeterkiller: Willi Pesch

Fortunas Meistertorwart Willi Pesch erregte nicht nur durch seine modebewusste Erscheinung Aufsehen. Nein, er galt auch als „unübertrefflicher Elfmeterspezialist", wie es zu seinem sportlichen Abschied im Juli 1939 in der Fußball-Woche hieß. Da die Sportberichterstattung der 1920er und 1930er Jahre noch nicht so statistikfixiert wie heute war, lässt sich nicht sagen, um wie viele gehaltene Elfmeter es sich überhaupt handelte. Der beliebte Fortuna-Torwart starb bereits im Mai 1940 bei einem tragischen Straßenbahnunfall. Erst zur Saison 1986/87 hatte die Fortuna wieder einen ausgesprochenen „Elfmeterkiller" zwischen den Pfosten. Rudi Kargus hielt während seiner Bundesligakarriere (mit Stationen in Hamburg, Nürnberg und Karlsruhe) insgesamt 23 Elfer. Das ist bis heute Rekord. Als Fortuna-Schlussmann parierte er zwei von acht verhängten Strafstößen. Allerdings konnte er mit seinen Paraden den Bundesligaabstieg seiner Elf am Ende der Saison nicht verhindern.

Auch bei einem anderen Keeper der Fortunen hat die Zahl 23 eine besondere Bedeutung. Michael Rensing, der von 2013 bis 2020 auf 132 Ligaspiele für die Fortuna kam, stand 23-mal in der 1. Bundesliga einem Elfmeterschützen gegenüber. Und genauso oft musste er den Ball aus dem Netz pflücken (siebenmal übrigens als Fortuna-Torhüter). Das nennt man dann wohl Elfmeteropfer.

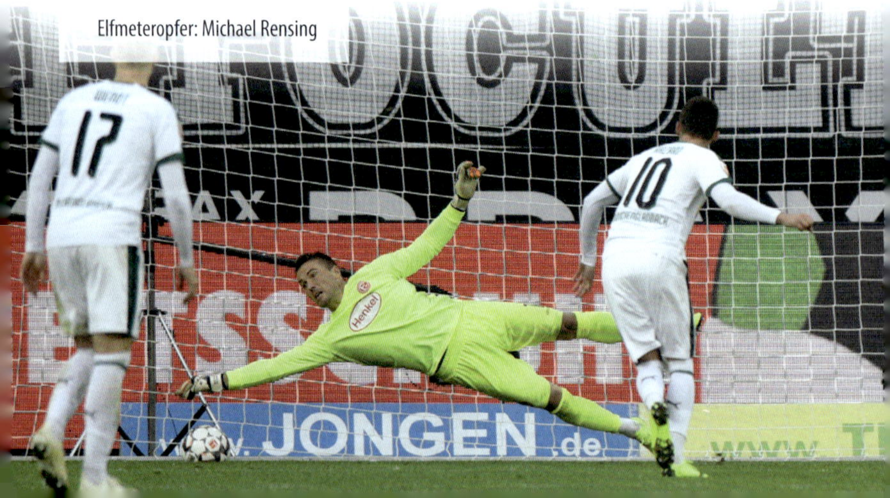

Elfmeteropfer: Michael Rensing

Aha

Der geplatzte Scheck

Das Spiel seines Lebens absolvierte der im Duisburger Stadtteil Wanheimerort geborene Anton „Toni" Turek im Trikot der deutschen Nationalmannschaft. Der Torhüter, der zwischen 1950 und 1955 bei Fortuna unter Vertrag stand, hatte am 4. Juli 1954 großen Anteil am ersten WM-Titel einer deutschen Elf. Radioreporter Herbert Zimmermann drehte hinter seinem Mikro fast durch und machte Turek gleichzeitig zum „Teufelskerl" und „Fußballgott".

Fortunas Präsident Herbert Pontzen wollte sich nicht lumpen lassen und seinem prominentesten Kicker etwas Gutes tun: Er überreichte Turek einen Scheck über 2.000 Mark. Nur hatte die Sache zwei Haken: Pontzen bekam Stress von seinen Vorstandskollegen, weil diese Aktion nicht abgestimmt war. Doch viel blamabler war die Tatsache, dass der Scheck platzte. Ein ratloser Turek gab das wertlose Papier zurück und vermutete nicht ganz zu Unrecht: „Ihr habt sicher kein Geld."

Ähnlich blamabel entwickelte sich 2004 die Einweihung einer Toni-Turek-Straße in Düsseldorf. Die Straße nebst Straßenschild existierte lediglich zum Pressetermin mit Düsseldorfs Oberbürgermeister Joachim Erwin. Immerhin erinnert seit 2006 ein kleiner Platz in Düsseldorf-Unterrath an den Weltmeister. Zudem gibt es seit 2014, also 60 Jahre nach dem Wunder von Bern, ein Bronzedenkmal des Fortuna- und WM-Torhüters am Düsseldorfer Stadion.

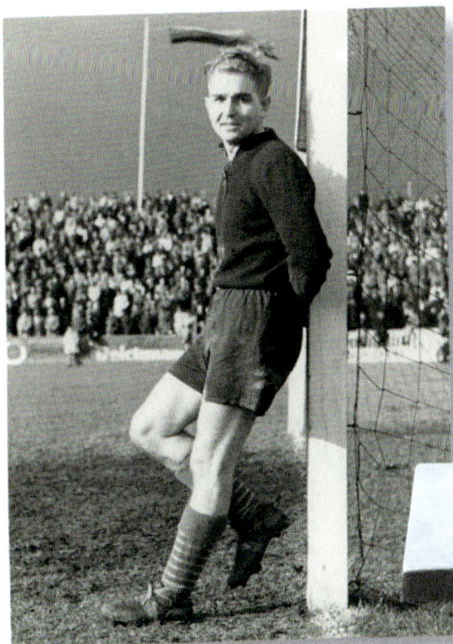

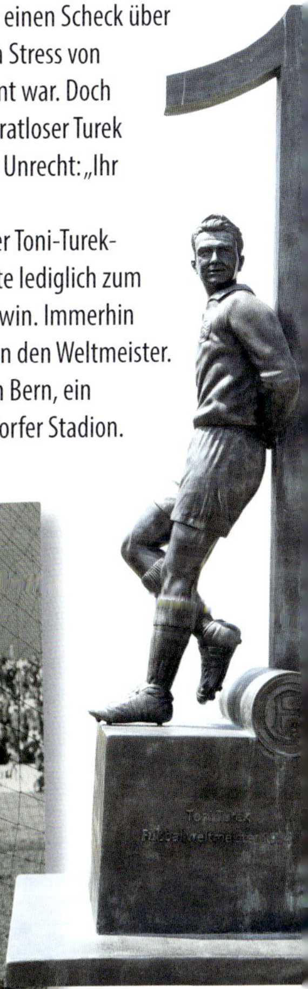

Toni Turek: Teufelskerl und Fußballgott in einer Person

Rechts: der Held in Bronze gegossen

Aha

Fortuna Düsseldorf – eine Zeitreise

1895–1933

1895

Fortunas Gründungsjahr hat nichts mit Fußball zu tun, denn im Jahr 1895 rufen im Düsseldorfer Stadtteil Flingern einige turnbegeisterte Männer den Turnverein Flingern ins Leben.

1908

Bis 1908 gibt es in Flingern nur unorganisierten, sprich wilden Fußball. Das ändert sich zum 1. Mai 1908, als sich mit dem Fußballklub Spielverein 08 der erste Flingeraner Fußballverein gründet.

1911

Der zweite mittlerweile in Flingern formierte Fußballverein nennt sich zunächst Fußballclub Alemania 1911 und schon ein Jahr später Fußballklub Fortuna 1911. 1913 kommt es zur Fusion der beiden Vereine zum Düsseldorfer Fußballklub Fortuna 1911 mit den Vereinsfarben Rot und Weiß. 1913 nimmt die Fortuna erstmals am offiziellen Ligabetrieb teil.

1919

Zur Saison 1918/19 spielt die Fortuna erstmals erstklassig, aber aufgrund einer neuen Ligeneinteilung nur für ein Jahr. Im August des Jahres 1919 kommt es zur Fusion der Turner des TV Flingern mit der Fortuna 1911. In diesem Zusammenhang entsteht auch der bis heute gültige Vereinsname Düsseldorfer Turn- und Sportverein Fortuna 1895.

1924/25

Die Fortuna kickt mittlerweile wieder erstklassig, weiß aber nicht zu begeistern und spielt keine große Rolle im Düsseldorfer Fußball. Um das zu ändern, verpflichten die Verantwortlichen zur Saison 1924/25 den Wiener Heinz Körner als ersten Trainer der Vereinsgeschichte.

1926/27

Am Ende der Spielzeit holt die Fortuna ihren ersten Titel und wird Bezirksmeister gegen den „Lackschuhklub" TuRU aus Oberbilk. Außerdem nimmt sie erstmals an der Endrunde zur Deutschen Meisterschaft teil, scheitert aber schon in der ersten Runde am Hamburger SV.

1928

Am 15. April 1928 wird Ernst Albrecht erster Internationaler der Fortuna. Beim 3:2-Erfolg in Bern gegen die Schweiz gelingt ihm sogar ein Treffer.

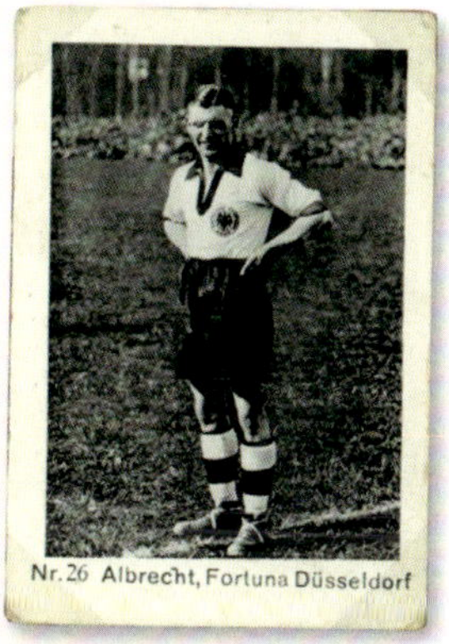

Ernst Albrecht

1930/31

Fortuna erhält ein Sumpfgebiet zugeteilt und errichtet darauf ihren ersten Rasenplatz. Der Flinger Broich, heute Paul-Janes-Stadion, bleibt bis heute Fortunas Heimat. Im Mai 1931 gelingt zum ersten und letzten Male der Gewinn der Westdeutschen Meisterschaft.

1933

Nach einer makellosen Serie und einem Torverhältnis von 16:0 in drei Spielen stürmt die Fortuna ins Endspiel um die Deutsche Meisterschaft. Am 6. Juni wird der FC Schalke 04 im ersten rein westdeutschen Finale mit 3:0 vom Platz gefegt. Bis zum Kriegsbeginn zählen die Flingeraner zu den besten deutschen Mannschaften, scheitern jedoch bei zwei weiteren Finalteilnahmen (Pokal und Meisterschaft) jeweils knapp.

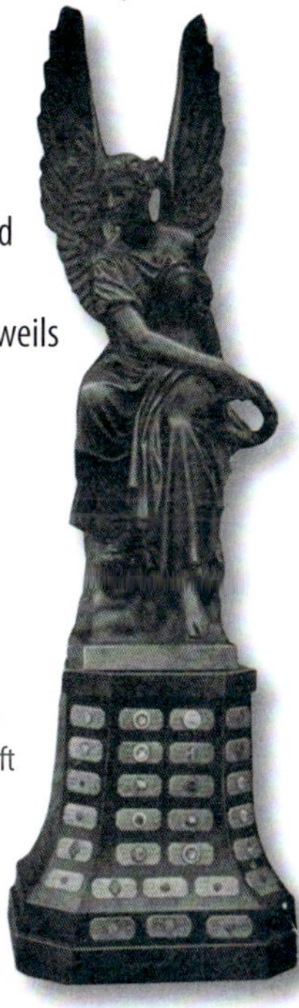

Trophäe zur Meisterschaft 1933: Die Viktoria

Aha

1944–1967

1944

Während der letzten Kriegssaison bildet die Fortuna gemeinsam mit dem BC 05 und dem DSC 99 die Kriegsspielgemeinschaft Düsseldorf. Bis zum Ende der Naziherrschaft sollte der Schein gewahrt und ein formaler Spielbetrieb durchgeführt werden. Eine Farce.

1945

Lediglich drei Monate nach dem Ende des Zweiten Weltkriegs wird die Fortuna mit dem Segen der englischen Besatzungsmacht neu gegründet. Ihr erstes Freundschaftsspiel absolvierte sie am 5. August bei Viktoria Düsseldorf, Endstand 4:1 für Fortuna.

1946

Mit einem 4:2 gegen Preußen Dellbrück startet die Fortuna in die neu gegründete Oberliga West. Mit Ausnahme von zwei Jahren in der 2. Liga West spielt sie dort bis zur Bundesligagründung – ohne wirklich zu überzeugen.

1957–1962

Lediglich im DFB-Pokal sorgt die Fortuna in jenen Jahren für Aufsehen. Sie steht dreimal im Finale, doch für einen Titelgewinn reicht es nicht.

1963

Am 24. August startet die Bundesliga ohne Beteiligung der Fortuna, weil ihre Oberligaleistungen dafür nicht ausreichten. Sie spielt zunächst zweitklassig in der Regionalliga West.

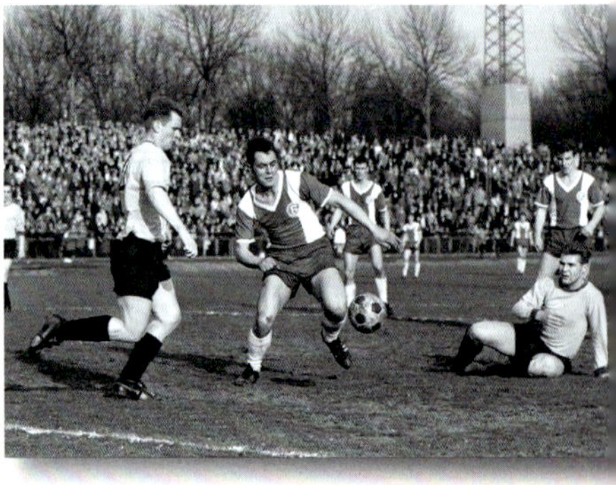

Szene aus einem Spiel der legendären Oberliga West: in der Mitte Fortunas Rekordtorschütze, Peter Meyer.

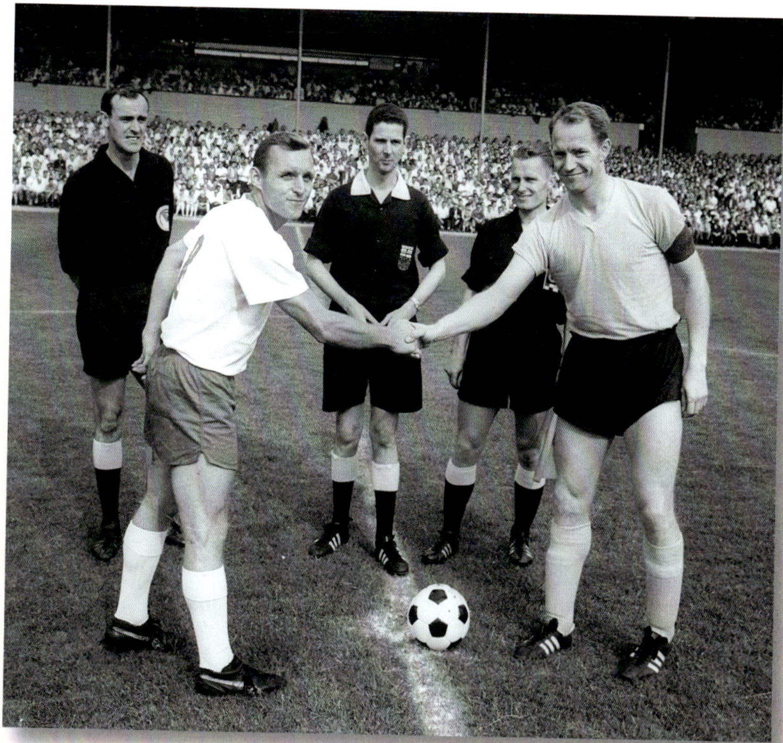

Begrüßung vor dem ersten Bundesligaspiel der Fortuna am 20. August 1966 (Borussia Dortmund – Fortuna 1:2, links Fortunas Kapitän Reinhold Straus).

1966/67

Ende Juni des Jahres 1966 ist es dann endlich soweit. Fortuna beendet ihre Aufstiegsrunde erfolgreich und steigt in die Bundesliga auf. Der Aufstieg hat jedoch ein Geschmäckle, denn der notwendige hohe Sieg im letzten Spiel gegen Kickers Offenbach ist mutmaßlich gekauft. Nach nur einem Jahr geht es bereits wieder zurück in die Regionalliga.

Aha

1971–1987

1971

Der Wiederaufstieg 1971 mit Trainer Heinz Lucas ist nicht skandalumwittert und hochverdient. Außerdem bleibt die Fortuna anschließend für 16 Spielzeiten erstklassig.

1974/75

Die Einzelhandelskette „allkauf" wird Fortunas erster Trikotsponsor. Aber nur für sechs Monate, weil sich ARD und ZDF (noch) weigern, Spiele, bei denen Werbetrikots getragen wurden, zu übertragen. Ab der Saison 1975/76 laufen die Fortunen für 12 Jahre mit dem Schriftzug „ARAG" auf den Trikots auf.

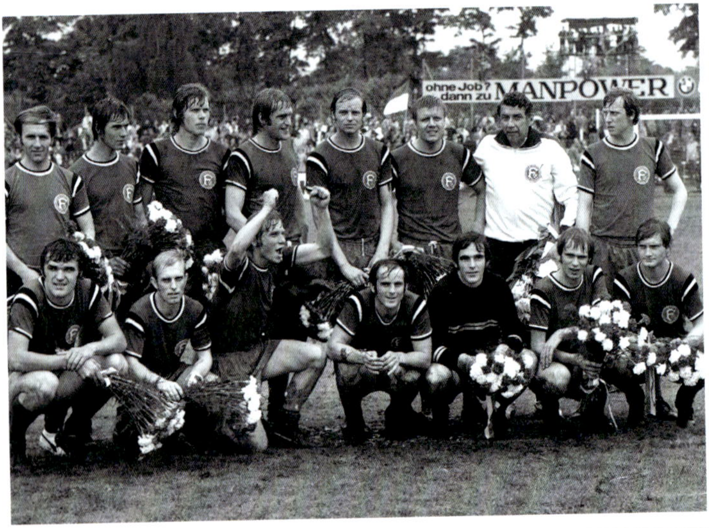

20. Juni 1971: Der Aufstieg in die 1. Liga ist nach einem 3:0 gegen Wacker Berlin geschafft.

1973

Am 19. September wird die gute Leistung der vergangenen Saison – Fortuna wurde Dritter – belohnt mit dem ersten internationalen Pflichtspiel. Gegen Næstved IF siegt Fortuna in der ersten Runde des UEFA-Pokals vor 8.000 Zuschauern mit 1:0.

1977

44 Jahre nach dem Gewinn der Deutschen Meisterschaft kann der nächste Titelgewinn gefeiert werden. Fortunas Amateurelf setzt sich im Juni 1977 in zwei Spielen gegen den SV Sandhausen durch und holt sich die Deutsche Amateurmeisterschaft.

1978

In Gelsenkirchen versuchen die Fortunen zum fünften Mal in ihrer Geschichte Pokalsieger zu werden. Doch erneut müssen sie nach einem 0:2 gegen den 1. FC Köln mit hängenden Köpfen den Platz verlassen.

1979

Das Jahr 1979 geht als erfolgreichstes Jahr in die Fortuna-Geschichte ein. Aufgrund des Kölner Doubles nehmen die Rot-Weißen am Europapokal der Pokalsieger teil und stehen sogar am 16. Mai in Basel im Finale. Doch nach großartigem Kampf gegen den FC Barcelona geht auch dieses Spiel verloren, Endstand 3:4 nach Verlängerung. Allerdings endet die Saison dank eines Gedankenblitzes von Wolfgang Seel endlich einmal nicht titellos. Er erzielt im DFB-Pokalfinale in Hannover am 23. Juni in der 116. Minute das Tor des Tages gegen Hertha BSC Berlin.

1980

Rund ein Jahr später gelingt sogar die Titelverteidigung im DFB-Pokal. Dieses Mal muss der mit 2:1 geschlagene 1. FC Köln das Gelsenkirchener Parkstadion enttäuscht verlassen.

1987

Am Ende der Saison 1986/87 steigt Fortuna als Ergebnis einer Spirale von finanziellen Engpässen, Spielerverkäufen, schlechten Neuverpflichtungen, geringem Zuschauerinteresse, finanziellen Engpässen etc. ab. Damit beginnen auch die Jahre als Fahrstuhlmannschaft.

Aha

1991–2020

1991/92

Wendebedingt wird die Bundesliga um zwei Vereine auf insgesamt 20 Klubs erweitert, einmalig. Die Fortuna, im Jahr 1989 wieder aufgestiegen, verschleißt in einer beispiellos schlechten Saison vier Trainer und belegt am Ende den 20. Tabellenplatz. Ein Rekord für die Ewigkeit. Es geht wieder abwärts.

1993–1995

Der Fahrstuhl endet in der Amateuroberliga (3. Liga). Doch Trainer Aleksandar Ristić schafft mit seinem Team den Durchmarsch zurück in die Bundesliga. Die „Mythos-Elf" war geboren.

1999

Bereits 1999 geht es erneut zurück in die Drittklassigkeit. Um die finanziellen Probleme in den Griff zu bekommen, wird ein Pakt mit dem Teufel geschlossen. Dieser hört auf den Namen „Sportwelt" und läuft noch bis 2023.

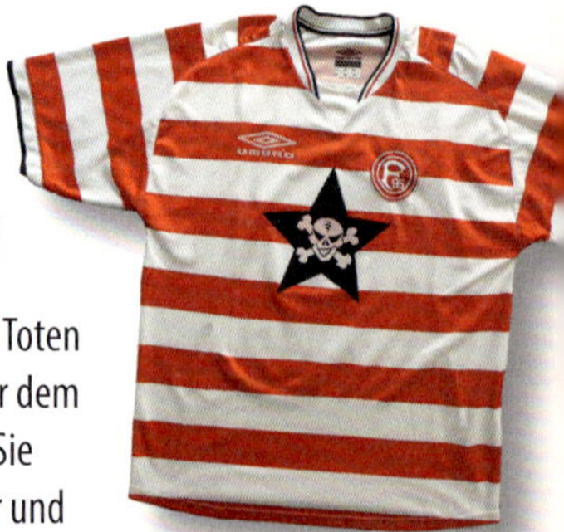

2001/02

Dieses Mal retten Die Toten Hosen die Fortuna vor dem finanziellen Kollaps. Sie werden Trikotsponsor und die Fortunen laufen mit den sexyesten Trikots (siehe Bild) zumindest von ganz Deutschland auf. Sportlich nützt das aber nichts, denn dieses Mal fährt der Fahrstuhl in die Viertklassigkeit, die Amateuroberliga Nordrhein.

2003

Am Ende der Oberligasaison, die die Fortuna mit dem blamablen achten Platz abschließt, folgt ein an sich belangloses Freundschaftsspiel. Im Mai 2003 treten im Paul-Janes-Stadion die Mythos-Elf aus dem Jahr 1993 gegen das aktuelle Fortuna-Team an. Mehr als 5.000 Zuschauer kommen zu diesem Spektakel, feiern sich und die Teams und sorgen an diesem mythischen Nachmittag für die Wende zum Besseren.

2009

Vor der bis heute unerreichten Kulisse für ein Drittligaspiel (50.095 Zuschauer strömen in die Arena) schafft die Fortuna am 23. Mai 2009 mit einem 1:0-Erfolg über Bremen II den Wiederaufstieg in die 2. Liga.

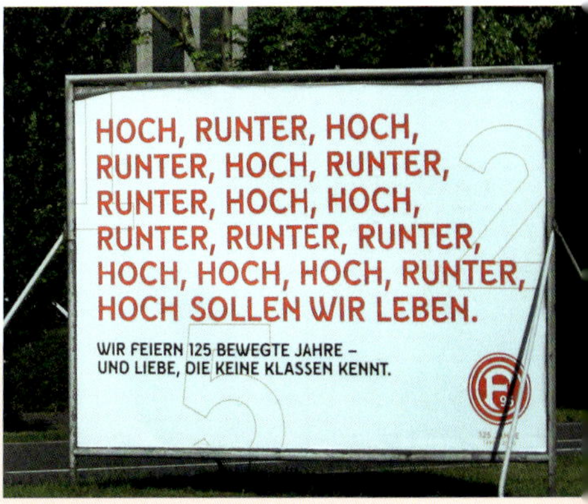

5. Mai 2020 – 125 Jahre Fortuna, für die es am Saisonende wieder heißt: RUNTER.

2012

Nur drei Jahre später glückt sogar die Rückkehr in die 1. Bundesliga. Aber da die Fortuna kein richtig normaler Verein ist, geht das nicht glatt über die Bühne. Der verfrühte Platzsturm im Relegationsrückspiel gegen Hertha BSC gefährdet den sportlichen Erfolg, weil es zu einem wochenlangen juristischen Hickhack vor dem DFB-Schiedsgericht kommt. Aufgestiegen wird trotzdem, aber am Ende der Saison auch gleich wieder abgestiegen.

2020

Das hätte nicht passieren dürfen: Abstieg im Jubiläumsjahr. Nach zwei Jahren Erstklassigkeit heißt es für die Fortuna wieder runter in die 2. Bundesliga. Im Gedächtnis bleiben: Turbulenzen im Vorstand und Aufsichtsrat, 15 Tore von Rouwen Hennings, viele verschenkte Punkte nach eigener Führung, nur zwei Auswärtssiege, ein (zu später?) Trainerwechsel, eine Pokalblamage beim Viertligisten 1. FC Saarbrücken und aufgrund der Corona-Pandemie neun Geisterspiele. Am Ende reicht es nur für Platz 17 und ein kompletter Neuaufbau in der 2. Bundesliga steht an.

2018

Auch wenn in den Folgejahren der Fahrstuhl mitunter stark Richtung 3. Liga schwankte, wird die Liga gehalten und sogar 2018 als Zweitligameister der Wiederaufstieg gefeiert. Am Ende der nächsten Bundesligasaison, der 24. übrigens, landen die Rot-Weißen als vermeintlicher Abstiegskandidat Nummer eins auf einem sensationellen zehnten Platz.

Aha

Fortunas Knipser

Klaus Allofs war nicht nur einer der erfolgreichsten Fortuna-Stürmer, sondern 1978/79 auch der einzige Bundesliga-Torschützenkönig im Dress der Rot-Weißen. Elf Jahre später machte es ihm Sven Demandt nach – allerdings in der 2. Liga. In der folgenden Tabelle sind alle Torschützen der Fortuna aufgeführt, die seit der Saison 1947/48 mindestens 20 Ligatore für die Flingeraner erzielten. Doch nicht vergessen werden sollen an dieser Stelle die starken Stürmer der frühen Jahre wie Peter Bakkers, van den Bergh, Willi Laurentz, Heinrich Köhler, August Götzinger, Ernst Albrecht, Stanislaus Kobierski, Georg Hochgesang, Herbert Schubart oder Hans Pickartz. Ebenso wird erinnert an Fortunas Kurzzeitstürmer wie Jan Mattsson, der es in 23 Spielen auf zehn Tore brachte, oder Dodi Lukebakio, der zehnmal in 31 Begegnungen für die Fortuna traf. Peter Meyer, Fortunas Stürmerstar der 1960er Jahre, erzielte insgesamt nicht nur die meisten Tore für die Fortunen, sondern er kam dabei auch auf die beste Torquote.

FORTUNAS KNIPSER

Rouwen Hennings

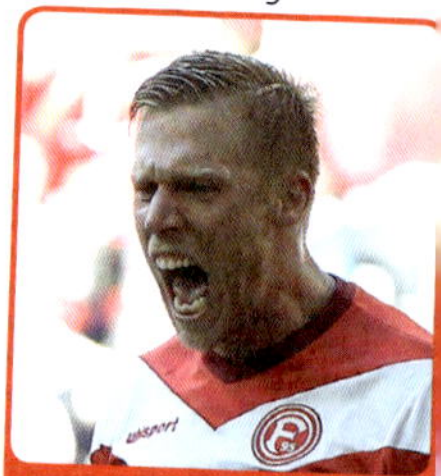

Tore

44

Ligaspiele

124

FORTUNAS KNIPSER

Peter Meyer

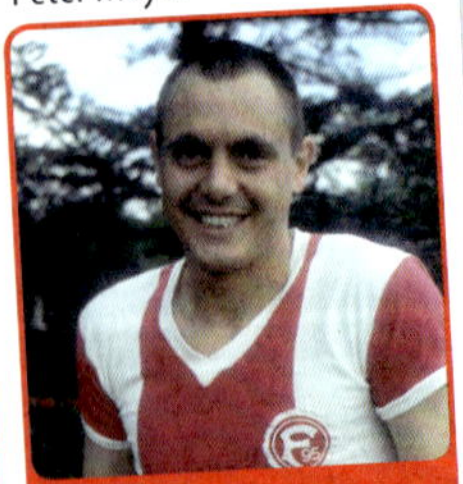

Tore

119

Ligaspiele

174

FORTUNAS KNIPSER

Reiner Geye

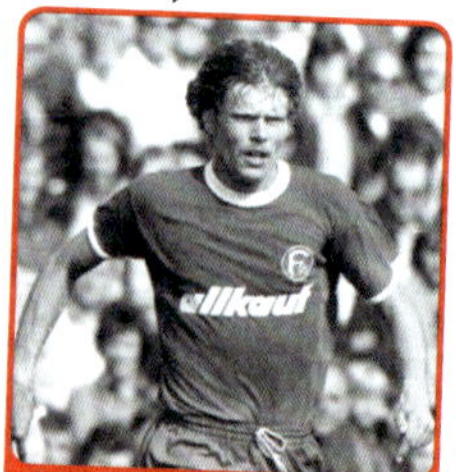

Tore

116

Ligaspiele

286

FORTUNAS KNIPSER

Hans Müller

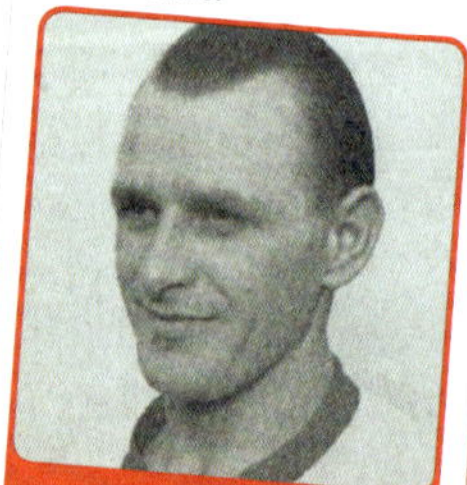

Tore

113

Ligaspiele

243

Fortunas Torschützen

Name	Spielzeiten	Ligaspiele	Tore	Quote
Meyer, Peter	1960/61 bis 1966/67	174	119	0,68
Geye, Reiner	1968/69 bis 1976/77	286	116	0,41
Müller, Hans	1947/48 bis 1956/57	243	113	0,47
Gramminger, Karl	1952/53 bis 1957/58	156	81	0,52
Wolfframm, Franz-Josef	1957/58 bis 1963/64	170	75	0,44
Allofs, Klaus	1975/76 bis 1980/81	169	71	0,42
Demandt, Sven	1984/85 bis 1991/92	182	70	0,38
Janssen, Heinz	1956/57 bis 1962/63	161	59	0,37
Budde, Klaus	1968/69 bis 1974/75	209	59	0,28
Seel, Wolfgang	1973/74 bis 1981/82	274	59	0,22
Allofs, Thomas	1978/88 bis 1981/82 und 1989/90 bis 1991/92	182	57	0,31
Herzog Dieter	1970/71 bis 1976/76	201	53	0,26
Steffen, Berni	1957/58 bis 1965/66	225	51	0,23
Gramminger, Martin	1952/53 bis 1957/58	146	49	0,34
Mauritz, Matthias	1947/48 bis 1959/60	323	49	0,15
Derwall, Josef	1954/55 bis 1958/59	110	47	0,43
Cyron, Richard	1992/93 bis 1996/97	131	47	0,36
Mayer, Frank	2001/02 bis 2004/05	113	44	0,39
Hennings, Rouwen	2016/17 bis 2019/20	124	44	0,35
Thiele, Günter	1979/80 bis 1985/86	128	44	0,34
Papies, Jürgen	1967/68 bis 1969/70	66	42	0,64
Gerhardt, Waldemar	1965/66 bis 1968/69	92	42	0,46
Straschitz, Hermann	1960/61 bis 1963/64	104	42	0,40
Zewe, Gerd	1972/73 bis 1986/87	440	42	0,10
Zimmermann, Gerd	1974/75 bis 1979/80	166	40	0,24
Dusend, Ralf	1977/78 bis 1986/87	239	40	0,17
Eðvaldsson, Atli	1981/82 bis 1984/85	122	38	0,31
Bommer, Rudolf	1976/77 bis 1984/85	264	38	0,14
Juskowiak, Erich	1953/54 bis 1960/61	195	32	0,16
Brei, Dieter	1972/73 bis 1980/81	221	30	0,14
Podszus, Marcel	2004/50 bis 2006/07	87	26	0,30
Fach, Holger	1981/82 bis 1987/88 und 1996/97 bis 1997/98	198	26	0,13
Wenzel, Rüdiger	1979/80 bis 1983/84	143	26	0,18
Weikl, Josef	1977/78 bis 1987/88	339	26	0,08
Benshop, Charlison	2013/14 bis 2014/15	58	25	0,43
Feinbier, Marcus	2005/06 bis 2006/07	53	24	0,45
Tare, Igli	1997/98 bis 1998/99	63	24	0,38
Lawarée, Axel	2007/08 bis 2009/10	69	21	0,30
Raman, Benito	2017/18 bis 2018/19	58	20	0,34
Hetfeld, Willi	1966/67 bis 1969/70	87	20	0,23
Preetz, Michael	1986/87 bis 1989/90	91	20	0,22
Bockenfeld, Manfred	1984/82 bis 1986/87	178	20	0,11

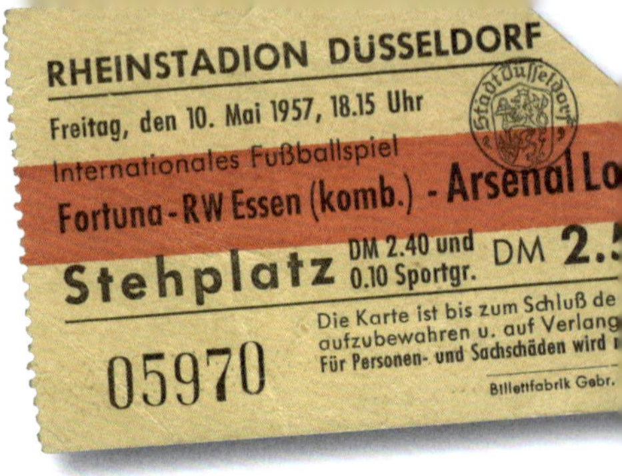

Derbyzeit

Ein Derby ist charakterisiert vom Aufeinandertreffen zweier rivalisierender Mannschaften aus einer Stadt, zumindest aus einer Region. Da der Fußball in seinen Anfängen eher lokal geprägt war, absolvierte die Fortuna zunächst nur Stadtderbys. In den 1920er Jahren hießen die lokalen Rivalen vor allem TuRU (Oberbilk), BV 04 (Derendorf) und DSC 99 (Düsseltal). 1927 gelang es erstmals, die Nummer 1 der Stadt zu sein. In der Ligastaffel wurde DSC 99 überholt und im Entscheidungsspiel um die Bezirksmeisterschaft auch die TuRU bezwungen. Nach einem weiteren Sieg über den Klub aus Oberbilk gelang sogar die erstmalige Qualifikation zur Teilnahme an der Endrunde zur Deutschen Meisterschaft.
Bis Mitte der 1930er Jahre kam aus dem Düsseldorfer Süden der VfL Benrath als starker Konkurrent hinzu, währenddessen DSC 99 und BV 04 allmählich den Anschluss verloren. Die meist sehr gut besuchten Spiele wurden oft ziemlich hart geführt, die Schiedsrichter hatten kein leichtes Spiel und die Fans beider Lager gingen nicht immer gerade zimperlich miteinander um. Gegen Ende des Zweiten Weltkrieges, als Düsseldorf langsam aber sicher in Schutt und Asche versank, bildeten jedoch Fortuna und DSC 99 gemeinsam mit BC 05 (Grafenberg) eine Kriegsspielgemeinschaft. Nach dem Krieg gab es nur noch für zwei Jahre Stadtderbys mit den alten Rivalen aus Benrath, Oberbilk und Derendorf. Dann trennten sich die Wege der Klubs und die Fortuna musste sich neue Derbygegner suchen.
Doch mit der Oberliga West begann eher die Zeit für Revierderbys, als dass sich neue Derbygegner für die Fortuna angeboten hätten. Rot-Weiß Oberhausen, Preußen Delbrück, VfR Köln, nun ja. Nach und nach entwickelten sich neue Rivalitäten mit Derbycharakter, die bis heute Bestand haben: Ab 1949/50 Bayer Leverkusen (während dieser Saison trafen TuRU und Fortuna ein allerletztes Mal in einem Pflichtspiel aufeinander), 1950/51 1. FC Köln und Rot-Weiss Essen, 1951/52 Meidericher Spielverein (heute MSV Duisburg), 1952/53 Borussia Mönchengladbach.
Mit den drei letztgenannten Teams gab es zwar gelegentliche Duelle in den 1930er und 1940er Jahren, ohne dass diese jedoch als Derby bezeichnet wurden.
Die Rivalität hinderte aber manche Klubs nicht, in kombinierten Mannschaften

Freundschaftsspiele zu bestreiten. In den 1950er Jahren gab es gemischte Teams von RWE und F95 und vom MSV und F95, die unter anderem auf Klubs aus Lille, Budapest und London trafen. Oder am 30. Dezember 1972, als der Borusse Günter Netzer für das Team Fortuna/Borussia mit Fortuna-Logo auf dem Trikot gegen Ajax Amsterdam Regie führte. Für die Partien zwischen der Fortuna, dem MSV (auch Straßenbahnderby genannt), dem FC, der Borussia und Bayer gibt es sogar einen übergeordneten Begriff: Rheinisches Derby.

Die größte Rivalität gibt es zwischen der Fortuna und dem 1. FC Köln. Die beiden nur knapp 40 Kilometer entfernt voneinander liegenden rheinischen Metropolen zelebrieren seit Jahrzehnten eine Städterivalität insbesondere im Fußball. Dabei ging es sportlich meist fair zu, doch jenseits des grünen Rasens kam es häufig zu handfesten Auseinandersetzungen. Eine tradierte und gepflegte Fanfeindschaft, die wohl kein Ende nehmen wird.

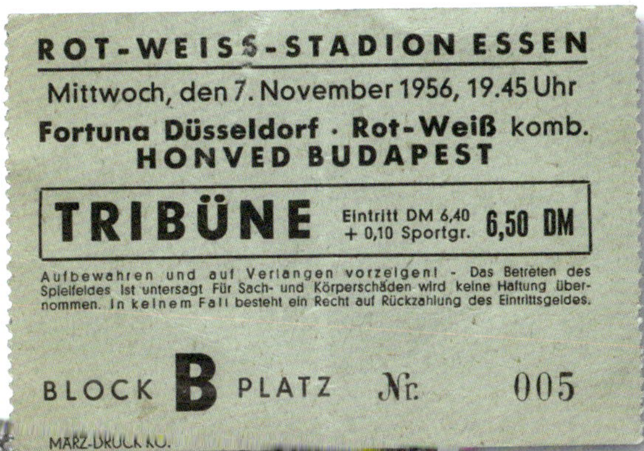

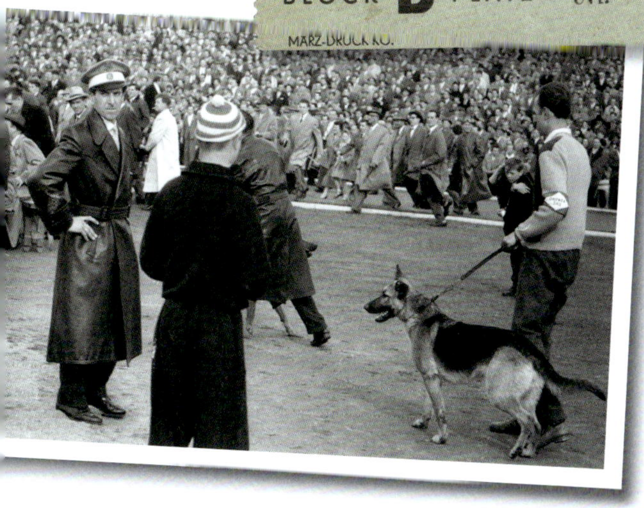

Fortuna gegen den 1. FC Köln, schon in den 1950er Jahren ein Hochrisikospiel

Populärer Irrtum

Chaos am Boxing Day

Ligaspiele an Weihnachten auszutragen ist seit Ende des 19. Jahrhunderts gute Fußballtradition auf der britischen Insel. Seit 1966 ist hierfür der zweite Weihnachtstag, genannt Boxing Day, reserviert. Auch in Deutschland war bis Mitte der 1960er Jahre Fußball an Weihnachten üblich, selbst Meisterschaftsspiele wurden ausgetragen. Anschließend hieß es eher: Weihnachten gehört der Familie – und die Winterpause hielt Einzug. Umso erstaunlicher war es, dass der DFB das Wiederholungsspiel um den DFB-Pokal zwischen Fortuna Düsseldorf und Schalke 04 (das Hinspiel endete 1:1-Unentschieden in Gelsenkirchen – es gab noch keine Entscheidung im Elfmeterschießen) auf den 26. Dezember 1977 terminierte.
Den Verantwortlichen der Fortuna schien dieser Termin nicht ganz geheuer zu sein, denn die Vorbereitungen auf das Viertelfinale waren mehr als fahrlässig. Aufgrund des eher schleppenden Vorverkaufs hielten sich die Zuschauererwartungen in Grenzen. Sie waren schließlich so niedrig, dass 26.000 Tickets erst gar nicht zum Rheinstadion gebracht wurden. Was für eine krasse Fehleinschätzung!
Die Fans, wahrscheinlich froh darüber, der strunzlangweiligen Kaffeetafel bei Oma Thea entgehen zu können, stürmten zuhauf Richtung Stadion. Wie viele es tatsächlich waren, ließ sich nicht sagen. Zwischen 50.000 und 60.000 werden es wohl am Ende gewesen sein. Offiziell verkauft wurden lediglich 43.000 Karten, denn obwohl per Boten noch die restlichen Tickets von der Geschäftsstelle gebracht wurden, war das bereits entstandene Chaos zu groß. Tumulte vor den Kassenhäuschen und Stadionzugängen sorgten bei Fortunas Verantwortlichen zu der Einsicht, den weiteren Ticketverkauf einzustellen und die Stadiontore zu öffnen. Der Einnahmeverlust betrug mehr als 100.000 Mark an diesem Abend. Immerhin dürften alle Zuschauer bis zum entscheidenden Tor von Egon Köhnen in der 69. Minute im Stadion gewesen sein.

Aha

Pokalrekord

Am 15. April des Jahres 1978 unterlag die Düsseldorfer Fortuna dem 1. FC Köln im DFB-Pokalfinale in Gelsenkirchen mit 0:2. Das bedeutete die fünfte Niederlage im fünften Pokalendspiel (nach 1938, 1957, 1958 und 1962) für die Fortuna. Bis dato war die Pokalgeschichte eher ein trauriges Kapitel für die Flingeraner. Doch das sollte sich ab sofort ändern, denn nun begann eine bis heute unerreichte Siegesserie im deutschen Pokalwettbewerb.

5. August 1978, 1. Hauptrunde
FORTUNA – Stuttgarter Kickers 7:2 (2:1)
Tore: Zimmermann, Brei, Klaus Allofs, Zewe, Lund, Seel, Günther

23. September 1978, 2. Hauptrunde
FORTUNA – VfR Heilbronn 3:0 (2:0)
Tore: Brei (2), Bommer

2. Dezember 1978, 3. Hauptrunde
FORTUNA – Alemannia Aachen 2:1 (1:1)
Tore: Seel, Klaus Allofs

28. April 1979, Achtelfinale
MSV Duisburg – FORTUNA 0:1 (0:0)
Tor: Köhnen

26. Mai 1979, Viertelfinale
FORTUNA – Bayer Leverkusen 2:1 (1:0)
Tore: Schmitz, Zewe

6. Juni 1979, Halbfinale
FORTUNA – 1. FC Nürnberg 4:1 n.V. (1:1, 1:1)
Tore: Thomas Allofs, Seel, Bommer, Günther

23. Juni 1979, Finale
FORTUNA – Hertha BSC 1:0 n.V. (0:0)
Hannover, Niedersachsenstadion:
Im DFB-Pokalfinale überlistete Fortunas Nationalstürmer Wolfgang Seel in der 116. Minute Herthas Torhüter Norbert Nigbur mit einem Kunstschuss. Es war das Tor des Tages und damit wurde die Düsseldorfer Fortuna zum ersten Mal deutscher Pokalsieger. Der Pokalfluch der Flingeraner war überwunden. Und die Siegesserie hielt an.

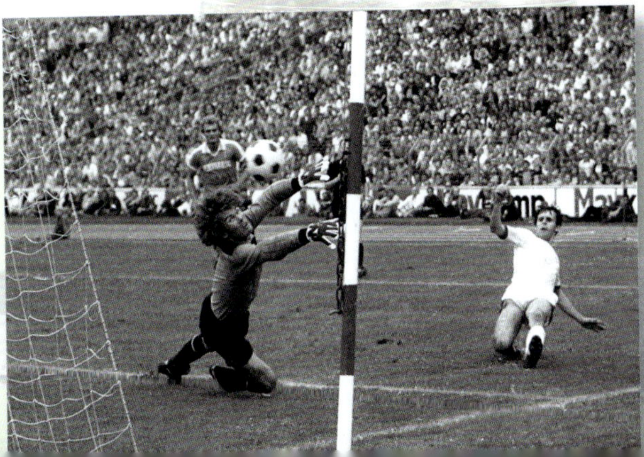

23. Juni 1979: Wolfgang Seel schießt Fortuna zum ersten Pokalsieg.

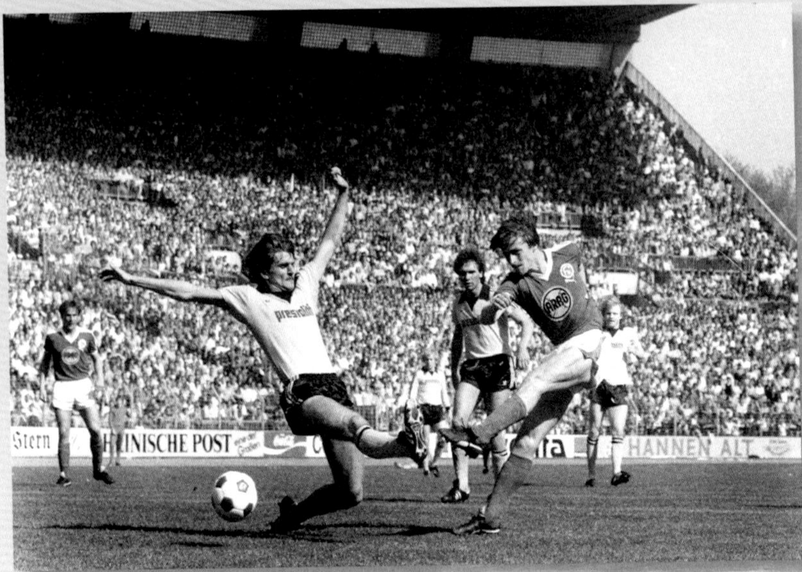

Klaus Allofs erzielt eines seiner 13 Tore während Fortunas Siegeszug durch den DFB-Pokal (10. Mai 1980 gegen Borussia Dortmund).

25. August 1979, 1. Hauptrunde
Borussia Neunkirchen – FORTUNA 0:4 (0:2)
Tore: Wenzel (2), Klaus Allofs, Thomas Allofs

29. September 1979, 2. Hauptrunde
FORTUNA – Wacker 04 Berlin 2:0 (1:0)
Tore: Wenzel, Klaus Allofs

12. Januar 1980, 3. Hauptrunde
SV Göppingen – FORTUNA 1:4 (0:1)
Tore: Bommer, Dusend, Köhnen, Thomas Allofs

16. Februar 1980, Achtelfinale
Karlsruher SC – FORTUNA 3:5 (0:3)
Tore: Thomas Allofs, Klaus Allofs (2), Weikl, Köhnen

5. April 1980, Viertelfinale
Kickers Offenbach – FORTUNA 2:5 n.V. (0:0, 1:1)
Tore: Thomas Allofs, Geinzer (Eigentor), Klaus Allofs (3)

10. Mai 1980, Halbfinale
FORTUNA – Borussia Dortmund 3:1 (1:0)
Tore: Wenzel, Klaus Allofs (2)

4. Juni 1980, Finale
FORTUNA – 1. FC Köln 2:1 (0:1)
Gelsenkirchen, Parkstadion: Auf Schalke kam es im Finale zur Revanche gegen den 1. FC Köln. Wie vor zwei Jahren gingen die Kölner durch Bernd Cullmann in Führung. Doch dank einer fulminanten zweiten Halbzeit drehte die Fortuna das Spiel. Tore durch Rüdiger Wenzel und Thomas Allofs sorgten dafür, dass der Pokal in Düsseldorf blieb. Damit war die Serie aber noch nicht beendet.

30. August 1980, 1. Hauptrunde
Eintracht Trier – FORTUNA 0:1 (0:0)
Tor: Thomas Allofs

4. Oktober 1980, 2. Hauptrunde
Kickers Würzburg – FORTUNA 0:2 (0:1)
Tore: Thomas Allofs, Theis

22. November 1980, 3. Hauptrunde
FORTUNA – Borussia Dortmund 3:0
Tore: Seel, Thomas Allofs (2)

31. Januar 1981, Achtelfinale
FORTUNA – Werder Bremen 2:0 (1:0)
Tore: Klaus Allofs (2)

28. Februar 1981, Viertelfinale
Hertha BSC – FORTUNA 2:1 (1:0)
Im Viertelfinale bei Hertha BSC endete die Siegesserie der Fortunen, der Treffer von Thomas Allofs reichte nicht zum Weiterkommen. Die Berliner setzen sich mit 2:1 durch und revanchierten sich damit für die 1979 erlittene Finalniederlage.

18 Pokalspiele hintereinander verließ die Elf von Fortuna Düsseldorf als Sieger den Platz und erzielte dabei ein Torverhältnis von 53:14. Klaus Allofs stand als einziger Spieler in allen 18 Partien auf dem Platz und erzielte dabei 13 Tore. Am 28. April 2015 hatte der FC Bayern München, Deutschlands Rekordpokalsieger, die Chance, mit der Fortuna gleichzuziehen. Doch die Bayern verloren ihr Halbfinalspiel gegen Borussia Dortmund nach Elfmeterschießen. Fortuna Düsseldorf ist damit bis heute der einzige Verein Deutschlands, der es geschafft hat, 18 aufeinanderfolgende Pokalspiele zu gewinnen.

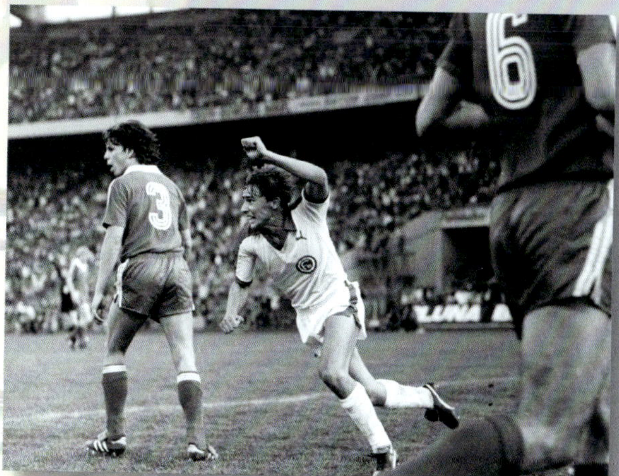

4. Juni 1980: Thomas Allofs dreht nach seinem Siegtreffer zum 2:1 im Finale gegen Köln jubelnd ab.

Nur geliehen

Finanzielle Not, aber auch unerwartete Ausfälle machen erfinderisch. Im Oktober 1979 lieh sich die Fortuna aufgrund der vielen Verletzungen Hans-Günter Bruns von Borussia Mönchengladbach bis zum Saisonende aus. In den 1990er Jahren kämpfte die Fortuna mehr oder weniger regelmäßig gegen drohende Abstiege und verpflichtete ehemals verdiente Spieler auf Leihbasis. Im Dezember 1991 hieß der Leihspieler Uwe Rahn (Fußballer des Jahres 1987), im Oktober 1996 Igor Dobrowolski (sowjetischer Fußballer des Jahres 1990). Beide Leihgeschäfte brachten am Ende nichts, Fortuna stieg jeweils ab.

Nach gefühlt unendlichen Jahren in Oberliga, Regionalliga und zuletzt in der 3. Liga fehlten die finanziellen Mittel, um gute Spieler langfristig zu binden. Somit war nach dem Wiederaufstieg in die 2. Liga im Sommer 2009 eine kreative und vor allem preiswerte Lösung gefragt. Fortunas Verantwortliche entschieden sich erstmals, gezielt auf den Einsatz von Leihspielern zu setzen. Mit „Bamba" Anderson (Leverkusen), Dmitri Bulykin (Anderlecht) und wenig später noch Martin Harnik (Bremen) standen erstmals drei ausgeliehene Spieler im Kader. Bei Leihspielern, die sich oftmals in ihren eigentlichen Klubs (noch) nicht durchsetzen konnten, ist das finanzielle Risiko überschaubar. Ob sie jedoch tatsächlich zu einer Verstärkung des Teams beitragen können, ist genauso fraglich wie bei fest verpflichteten Kickern.

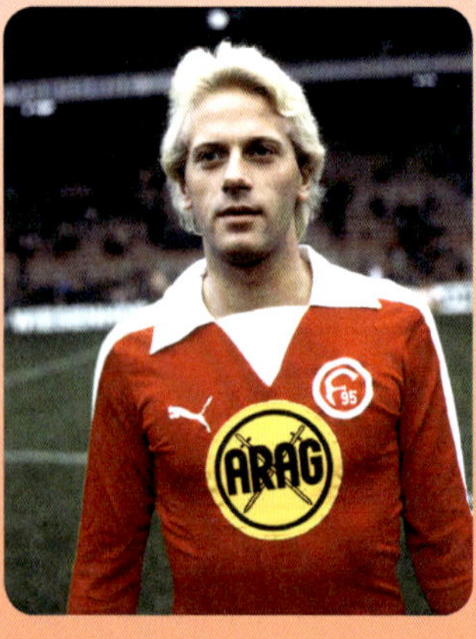

Hans-Günter Bruns

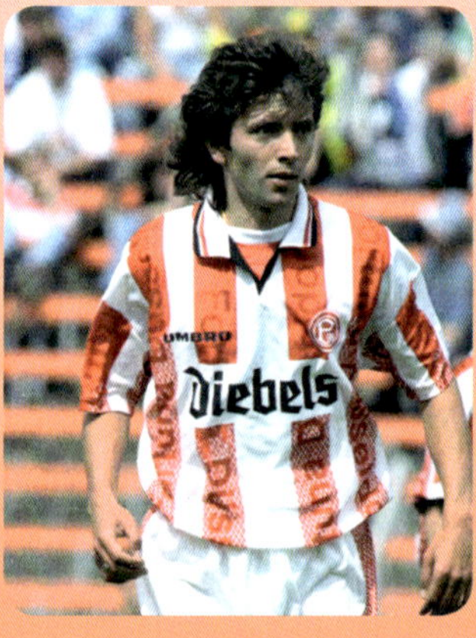

Igor Dobrowolski

Aha

Während Harnik und Anderson unstrittig zu den Stützen der Fortuna zählten, ließ der Auftritt des ehemaligen russischen Nationalspielers Bulykin arg zu wünschen übrig. Er kam auf lediglich zehn Einsätze und erzielte dabei ein einziges Tor.
Etliche Kicker, die die Fortuna in den letzten Jahren auf Leihbasis verpflichtet hat, spielen heute eine wichtige Rolle in der Bundesliga. Zum Beispiel Kerem Demirbay (Leverkusen), Florian Neuhaus (Mönchengladbach) und Kevin Akpoguma (Hoffenheim). Mittlerweile versuchen Fortunas Sportliche Leiter häufiger, ein Leihgeschäft mit einer Kaufoption zu verbinden. Auf diese Weise wurden unter anderem Dawid Kownacki und Jean Zimmer fest verpflichtet. Zum Kader der Saison 2019/20 gehörten insgesamt acht Leihspieler: Lewis Baker (vorzeitig aufgelöst), Kasim Adams, Aymen Barkok, Mathias Jørgensen, Steven Skrzybski, Zack Steffen, Bernard Tekpetey und Erik Thommy (die letzten beiden mit Kaufoption).
Doch Fortuna verleiht auch Spieler, damit sie sich weiterentwickeln können. Bestes Beispiel hierfür ist der aus der eigenen Jugend kommende U-Nationalspieler Emmanuel Iyoha. Der Stürmer, der 2015 seinen ersten Profivertrag bei der Fortuna erhielt und bislang auf 22 Ligaeinsätze kam, spielte zwischenzeitlich in Osnabrück, Aue und Kiel. Ob er bis zu seinem Vertragsende in Düsseldorf im Jahr 2022 sein Talent im Dress der Rot-Weißen demonstrieren kann, bleibt abzuwarten.

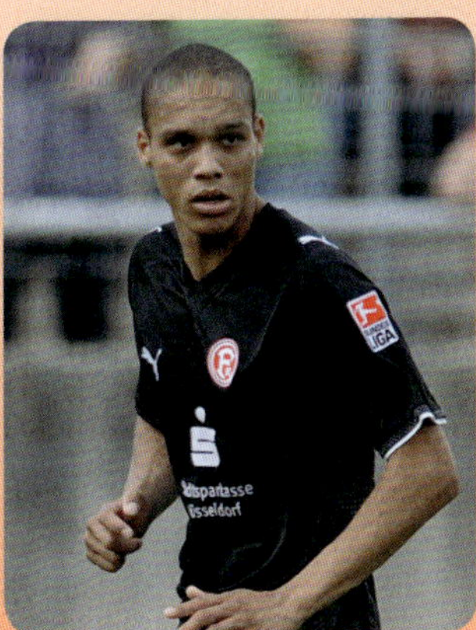

„Bamba" Anderson

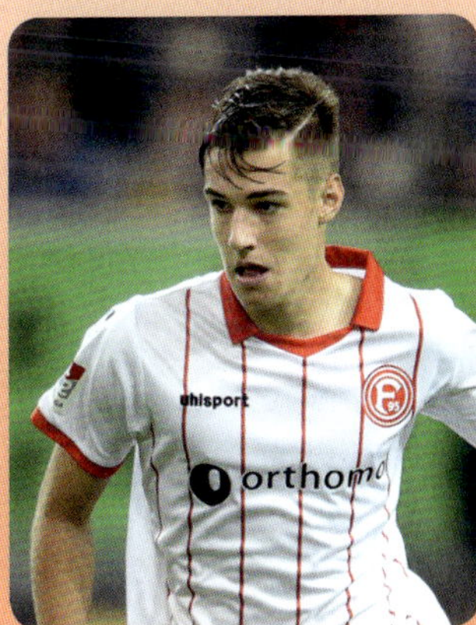

Florian Neuhaus

Aha

Von Ali bis Zanka

125 Jahre Fortuna, heißt 125 Jahre Spitznamen. Dabei ist es so wie überall auf der Welt: Manche Spitznamen sind selbst gewählt (beispielsweise Werner Biskup), andere bieten sich ganz einfach an (z. B. bei bestimmten Vornamen wie bei Josef). Zur dritten Kategorie sind die Namen zu zählen, bei denen sich nicht auf den ersten Blick erschließt, woher der Spitzname eigentlich kommt. Schönstes Beispiel für diese Kategorie ist Kurt Borkenhagen, der aufgrund seiner Eleganz auf dem Fußballplatz „La Jana" gerufen wurde. Hinter La Jana verbirgt sich der Künstlername der in Wien geborenen Revuetänzerin und Schauspielern (Der Tiger von Eschnapur) Henriette Margarethe Niederauer. Wie elegant muss Borkenhagen nur gespielt haben?

Und nun eine Auswahl mehr oder weniger bekannter Spitznamen der Fortunen (ohne Anspruch auf Vollständigkeit):

Jörg „**Ali**" (auch „**The Hammer**") Albertz
Thomas „**Tommy**" Allofs
„**Bamba**" Anderson Soares de Oliveira
Heiner „**Eisenfuß**" Baltes
Peter „**Pitterken**" Bakkers
Maximilian „**Maxi**" Beister
Axel „**Bello**" Bellinghausen
Jakob „**Knöd**" Bender
Peter „**Der Lange**" Biesenkamp
Werner „**Germano**" Biskup
Manfred „**Bocki**" (auch „**Manni**") Bockenfeld
Rudolf „**Rudi**" Bommer
Kurt „**La Jana**" Borkenhagen
„**Porsche**"-Paul Bornefeld
Michael „**Mike**" (auch „**Buyo**") Büskens
Claus „**Der Schöne**" Costa
Richard „**Hähnchen**" Cyron
Edmund „**Edu**" Czaika
Josef „**Jupp**" Derwall
Patrick „**Pat**" Deuß
Darko „**Dr. Azic**" Drazic
Augustine „**August**" Fregene
Waldemar „**Waldi**" Gerhardt
Charles „**Kalle**" Gyamfi
Hans „**Henni**" Heibach
Sebastian „**Heidi**" Heidinger
Franz-Josef „**Jupp**" Hellingrath
Georg „**Schorsch**" Hochgesang
Karl „**Kalli**" Hoffmann
Paul „**Der Schweiger**" Janes
Heinz „**Heini**" Janssen
Werner „**Moppel**" Jestremski
Mathias „**Zanka**" Jørgensen
Ranisav „**Jova**" Jovanović
Emmanuel „**Emma**" Iyoha
Michael „**Rense**" Rensing
Erich „**Hammer**" Juskowiak
Harald „**Harry**" Katemann

Wolfgang „**Otto**" Kleff
Georg „**Schorsch**" Koch
Egon „**Eeeegon**" Köhnen
Stanislaus „**Tau**" Kobierski
Heinrich „**Heini**" Köhler
Manfred „**Manni**" Krafft
Werner „**Timo**" Kriegler
Kurt „**Kutti**" Krüger
Günter „**Kusche**" Kuczinski
Andreas „**Lumpi**" Lambertz
Matthias „**Matthes**" Mauritz
Paul „**Sack**" (auch „**Bier-Zappes**") Mehl
Peter „**Pitter**" Meyer
Hans „**Hänschen**" Müller
Matthias „**Grieß**" Niepenberg
Robert „**Pico**" Niestroj
Robert „**Pali**" Palikuća
Hans „**Tschäng**" Pickartz
Marcel „**Cello**" Sobottka
Bernhard „**Berni**" Steffen
Zackary „**Zack**" Steffen
Günter „**Schädel**" Thiele
Anton „**Toni**" (auch „**Teufelskerl**"
und „**Fußballgott**") Turek
Ralf „**Der Baron**" von Diericke
Uwe „**Heino**" Weidemann
Josef „**Sepp**" Weikl
Karl „**Carlo**" Werner „**Fußballgott**"
Franz-Josef „**Jupp**" Wolfframm
Rudolf „**Rudi**" Wojtowicz
Gerd „**Zimbo**" Zimmermann
„**Sir**" Felix Zwolanowski

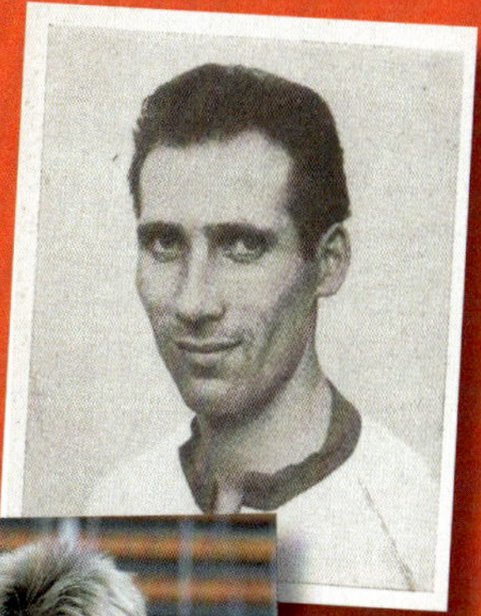

Kurt „La Jana" Borkenhagen

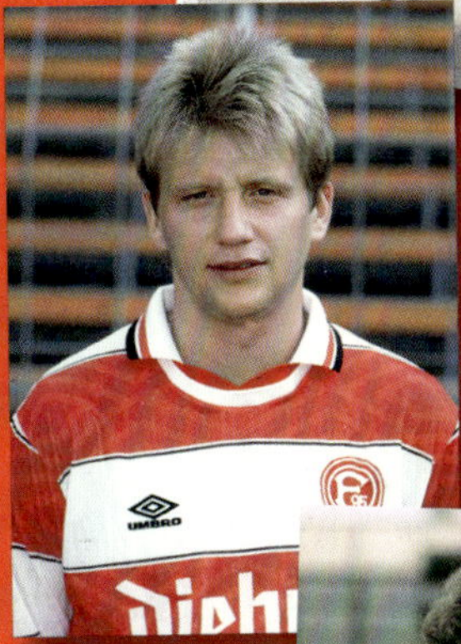

Karl „Carlo" Werner „Fußballgott"

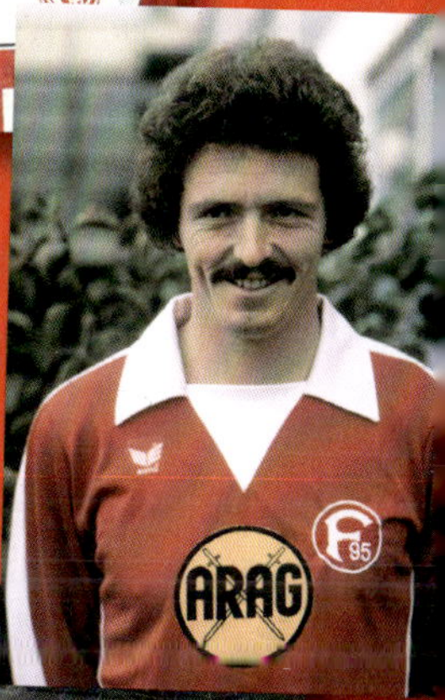

Gerd „Zimbo" Zimmermann

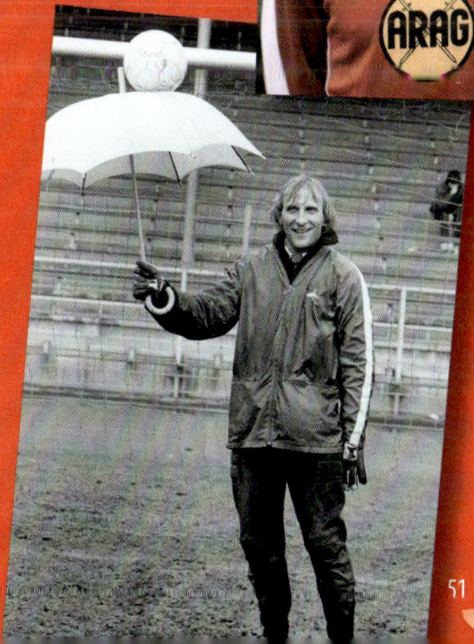

Wolfgang „Otto" Kleff

Legenden auf der Bank

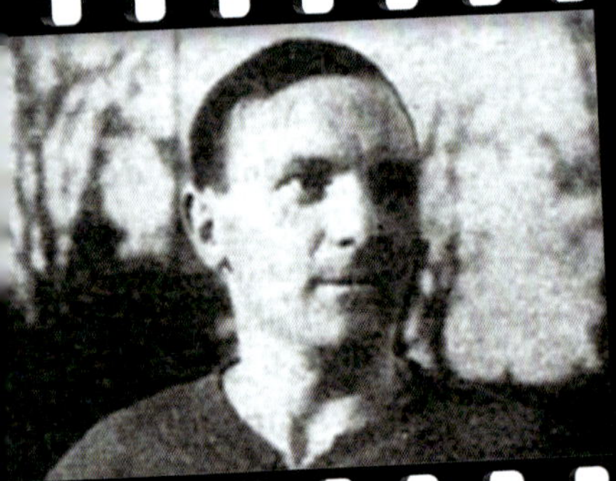

Heinz Körner

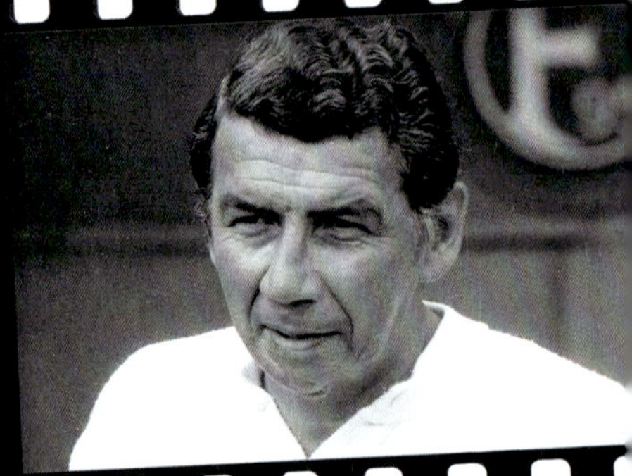

Heinz Lucas

Während der Saison 1991/92 versuchten gleich vier Trainer, die Fortuna vor dem Abstieg zu bewahren – ohne Erfolg. Hickersberger, Schafstall, Gede und Köppel scheiterten und gehören damit nicht zu Fortunas Trainerlegenden. Doch was ist das überhaupt, eine Trainerlegende? Ist es ein Coach mit errungenen Titeln? Da kommen bei der Fortuna nur drei infrage: Heinz Körner (Meistertrainer 1933), Hans-Dieter Tippenhauer (Pokalsieg 1979) und Otto Rehhagel (Pokalsieg 1980). Oder etwa einer, der Aufstiege mit der Fortuna feiern durfte? In dieser Kategorie wären aufgrund der wechselvollen Vereinsgeschichte viele Namen aufzuzählen, von Paul Janes bis hin zu Friedhelm Funkel. Oder kann es sogar ein Trainer sein, der einfach nur die Weichen für eine bessere Zukunft gestellt hat?

Seit 1924, als mit Heinz Körner zum ersten Mal ein Trainer verpflichtet wurde, standen bis heute mehr als 50 Trainer an der Außenlinie und versuchten ihr Bestes. Mit Heinz Körner ist schon Fortunas erste Trainerlegende genannt. Mit dem Engagement des Wieners, der insgesamt fünfmal das Traineramt bei den Flingeranern übernahm, gelang der Aufstieg zu einer der damals besten deutschen Mannschaften. Den Höhepunkt seiner Karriere bildete zweifelsohne der Gewinn der Deutschen Meisterschaft im Juni 1933.

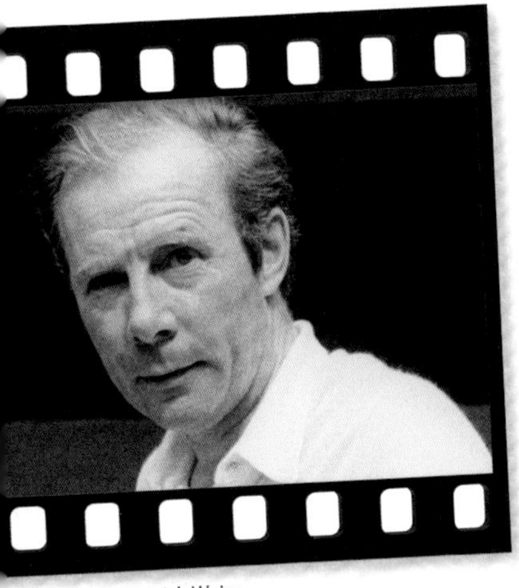

Dietrich Weise

Zu den bedeutenden Trainern der Fortuna ist auch Kuno Klötzer zu zählen. Insgesamt acht Jahre (von 1953 bis 1957 und von 1963 bis 1967) betreute er die Fortuna, dabei gelang ihm zwar kein Titel, doch im Sommer 1966 der ersehnte Aufstieg in die Bundesliga. Da der sofortige Abstieg folgte, endete Klötzers Zeit in Flingern. Erfolge feierte er Jahre später mit dem Hamburger SV.

Ganz nahe am Legendenstatus stehen zwei Trainer des 21. Jahrhunderts, Norbert Meier und Friedhelm Funkel. Der Reinbeker Meier, der in der Winterpause der Saison 2007/08 verpflichtet wurde, schaffte es, sein Team von der Regionalliga bis hin in die 1. Bundesliga zu führen. Doch ähnlich wie Klötzer konnte auch Meier den direkten Wiederabstieg nicht vermeiden und sein Vertrag wurde beendet. Besser machte es da schon der „faltige Neusser" (Rainer Bartel) Friedhelm Funkel, der im März 2016 sein Amt antrat. Erst hatte er wesentlichen Anteil am Klassenerhalt seines Klubs in der 2. Bundesliga, 2018 konnte er als Zweitligameister den Aufstieg feiern und ihm gelang es sogar, die Klasse souverän zu halten. Dann wurde es schwierig für Funkel. Zwei Leistungsträger, Lukebakio und Raman, verließen die Fortuna, die Neuen schlugen überwiegend (noch) nicht ein und Funkel wirkte ratlos. Die Rückrunde begann mit zwei Niederlagen, Fortuna übernahm die rote Laterne und Funkel war seinen Job in Düsseldorf los. Ironie der Geschichte: Am Abend des 28. Januar 2020 wurde er noch als Düsseldorfs Trainer des vergangenen Jahres gefeiert, am nächsten Tag war Friedhelm Funkel arbeitslos.

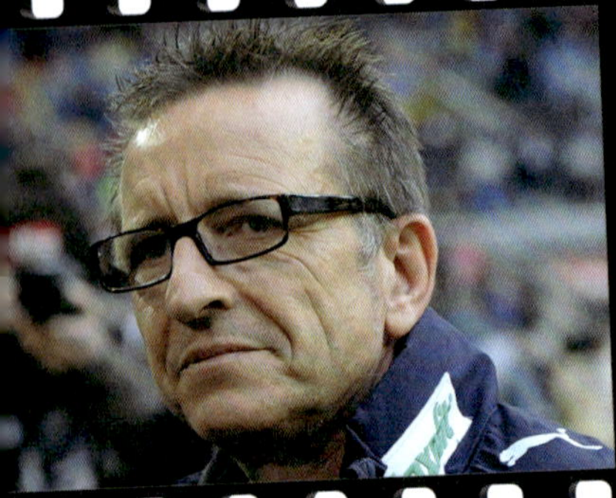

Norbert Meier

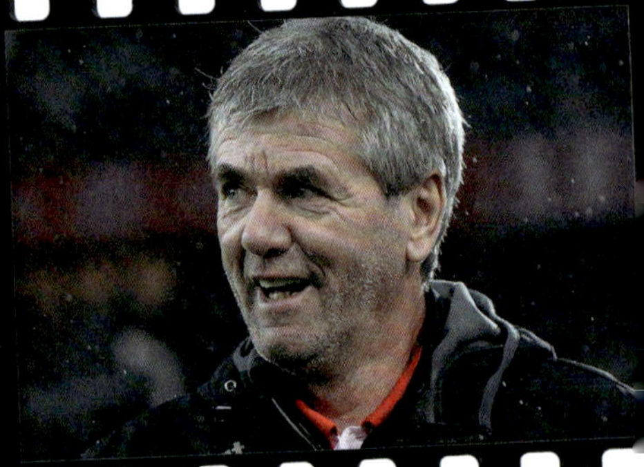

Friedhelm Funkel

Zurück in die 1970er Jahre, denn dort standen wirklich zwei Legendentrainer an der Seitenlinie. Zunächst Heinz Lucas (1970/71 bis April 1974), der nicht nur 1971 den Bundesligaaufstieg schaffte, sondern die Fortuna auch zweimal auf den dritten Bundesligaplatz und somit in den UEFA-Pokal führte. Unter Lucas Führung wurden Spieler wie Reiner Geye, Gerd Zewe, Egon Köhnen, Heiner Baltes, Dieter Herzog, Dieter Brei, Gerd Zimmermann und Wolfgang Seel (um nur einige Namen zu nennen) ins Team integriert. Namen, die bei jedem Fortuna-Fan noch heute ein Zungenschnalzen hervorrufen.
Nach einigen Irrungen und Wirrungen übernahm zur Saison 1976/77 Dietrich Weise Fortunas Trainerposten. Leider konnte er nur zwei Jahre gehalten werden, denn er wollte unbedingt DFB-Nachwuchstrainer werden, doch Weise gilt als Wegbereiter der besten Fortuna aller Zeiten. Aufbauend auf dem Kader, den Heinz Lucas geformt hatte, verhalf er Klaus Allofs zum Durchbruch und verstärkte die Elf mit Jörg Daniel und Rudi Bommer. 1978 erreichte er das Pokalfinale, das die Fortuna unglücklich gegen den 1. FC Köln verlor, und verließ den Klub bereits wieder. Die Lorbeeren dieser großartigen Arbeit durften schließlich Tippenhauer und Rehhagel ernten.
Und dann ist natürlich noch Aleksandar Ristić zu erwähnen. Doch das erfolgt an anderer Stelle.

„Hier kommt Aleks“[2]

Als Aleksandar (kurz „Aleks“) im Sommer 1987 zur Fortuna wechselte, hatten „Die Toten Hosen“ ihr Album „Ein kleines bisschen Horrorschau“ mit ihrem Hit „Hier kommt Alex“ noch nicht veröffentlicht. Das erfolgte erst ein gutes Jahr später. Der in Sarajevo geborene Ristić, der sein Trainer-Einmaleins bei Branco Zebec gelernt hatte, übernahm die Fortuna in einer schwierigen Situation, nämlich 1987 nach dem Abstieg aus der 1. Bundesliga. Doch auch wenn es gelegentlich auf dem Spielfeld rumpelte, schaffte er in seiner ersten Saison einen guten fünften Platz. Es folgten der Wiederaufstieg als Zweitligameister und der anschließende Klassenerhalt. Die Fortuna überzeugte während der Saison 1989/90 stellenweise sogar mit attraktivem Offensivfußball ihre wenigen Fans. Nichts zu sehen von einer Horrorschau. Die folgte mit Verspätung, doch da stand Ristić schon nicht mehr auf Fortunas Lohnliste. Nach wiederholten Streitigkeiten mit dem Vorstand wechselte er während der Rückrunde zum FC Schalke 04. Doch schon im August 1992 kam Aleks Ristić nach Flingern zurück und stieg mit der inzwischen zweitklassigen Fortuna sogar in die Amateuroberliga (damals eine drittklassige Liga) ab. Dort begann sein Weg auf den Fortuna-Olymp. Er schaffte es, ein Team zu formen, das sein „bestimmtes System“ verstand und als „Mythos-Elf“ in die Fortuna-Geschichte eingegangen ist. Mit einer „Altherrenmannschaft“ genannten Truppe gelangen Ristić zwei Aufstiege hintereinander, so dass die Fortuna pünktlich zum 100-jährigen Jubiläum wieder in die 1. Liga aufstieg. Dieses Mal hielt sich der Bosnier, der erneut im Clinch mit dem Vorstand lag, bis Ende November 1996. Entgegen aller Beteuerungen feuerte ihn Präsident Jürgen Hauswald. Der gestürzte „König Aleks“ war sichtlich schockiert. Der Neue, Rudi Wojtowicz, machte es auf jeden Fall nicht besser und die Fortuna stieg am Saisonende erneut ab.

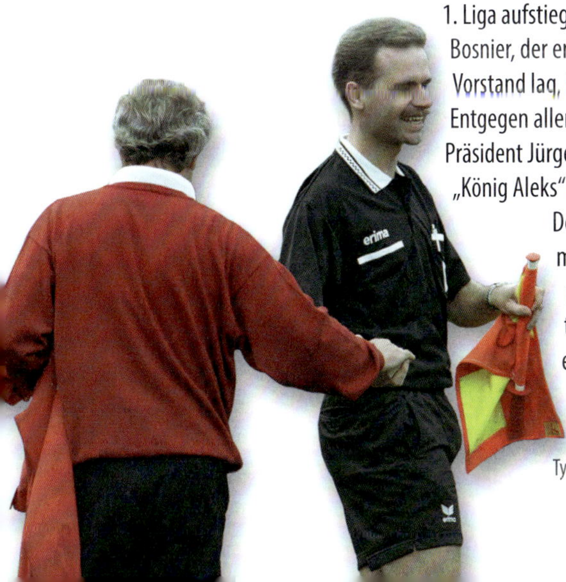

Typisch Ristić: Bonbonverteiler

Trotz des unschönen Abgangs kam Ristić im Sommer 2000 erneut zu den Rot-Weißen. Er wurde als Heilsbringer empfangen, doch bereits wenige Monate später wieder vom Hof gejagt. Dieses Mal muckten die Spieler gegen ihn auf und sorgten für seinen endgültigen Abschied von der Düsseldorfer Fortuna. Ristić war trotz seiner Erfolge bei den Fans nicht unumstritten, aber das hinderte sie nicht, ihn im Frühjahr 2009 in einer Online-Abstimmung des Vereins zum Trainer der Legenden-Elf zu wählen. Nicht nur deshalb gilt Aleks Ristić natürlich als Trainerlegende, doch passender für ihn ist eindeutig die Bezeichnung „Kulttrainer".

Doch vergessen werden soll nicht ein zweiter legendärer Aleks in Diensten der Fortuna, nämlich Aleks Spengler. Auf den besonderen Wunsch von Aleksandar Ristić wurde der in Belgrad geborene Spengler im April 1990 Mannschaftsbetreuer. Bis zu seiner Pensionierung im Jahr 2017 hat Spengler eine kaum zu zählende Anzahl von Trainern und Vorständen im Klubhaus ein- und auch wieder und ausgehen sehen (von Spielern ganz zu schweigen). Aleks Spengler war immer dabei. Er erlebte „richtige Katastrophen" wie eine 0:6-Pleite 2002 in der Oberliga in Wuppertal und „Traumerlebnisse" wie den 2:0-Sieg 1995 in Chemnitz, der Fortuna zurück in die Bundesliga führte. Aleks Spengler war 27 Jahre lang als Mannschaftsbetreuer bei den Rot-Weißen tätig. Dafür gibt es nur eine Bezeichnung: „Kultbetreuer".

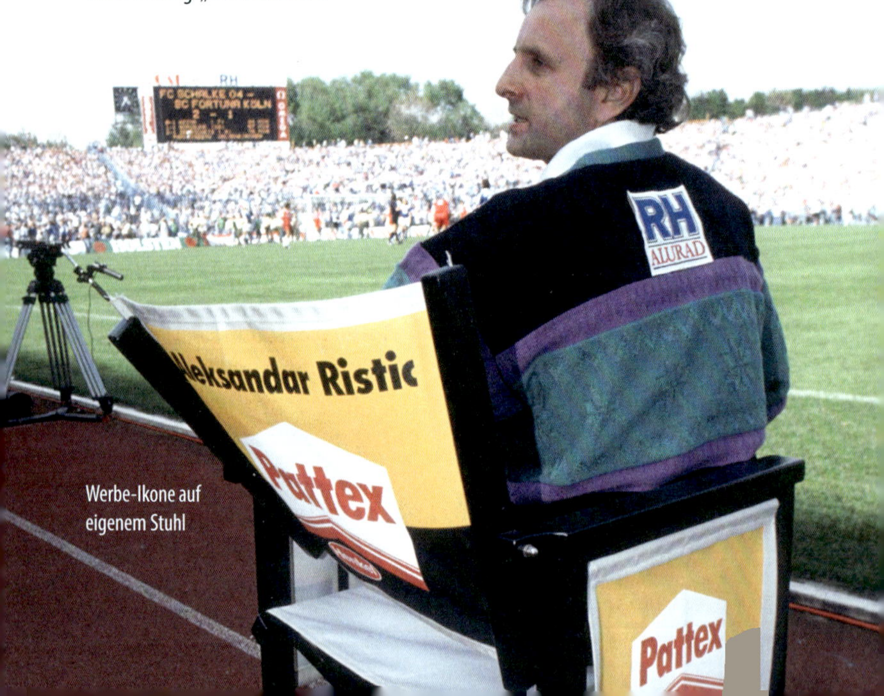

Werbe-Ikone auf eigenem Stuhl

Modebewusst mit Pornobalken

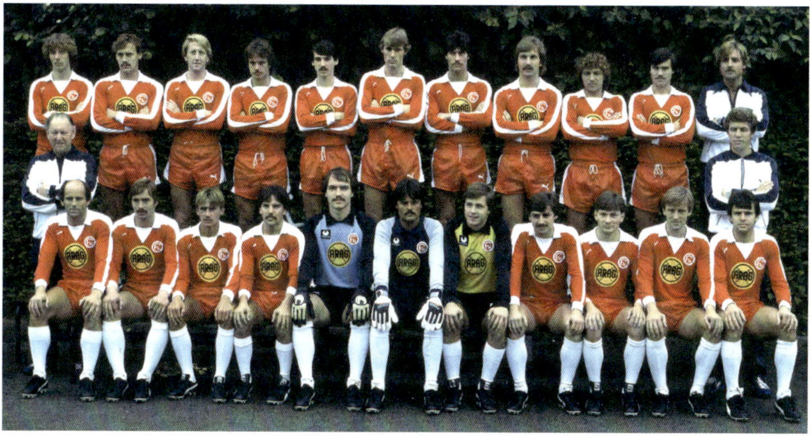

1980/81: der Kader mit den meisten Pornobalken

In den 1970er Jahren hießen Deutschlands Schlagersternchen so, als ob beim Namensfindungsprozess die Pornoindustrie Pate gestanden hätte (stellvertretend genannt seien hier Rex Gildo, Roy Black, Lena Valaitis, Mary Roos). Parallel hierzu entwickelten Deutschlands Männer eine Vorliebe für den Schnauzbart, der vorher in erster Linie Pornodarstellern vorbehalten war und daher Pornobalken genannt wurde. Zur Saison 1973/74 erschien mit Udo Klohs erstmals ein Fortune mit Schnäuzer zum Fotoshooting. Einsatzzeiten brachte ihm das allerdings nicht. Seit 1974 lief Gerd Zimmermann mit deutlich sichtbarem Schnäuzer für viele Jahre im rot-weißen Jersey übers Feld. Bei Timo Kriegler und Reiner Geye konnte man sich zu dem Zeitpunkt noch nicht so richtig sicher sein, ob sie einfach nur schlecht rasiert waren, oder schon einen Schnauzbart hatten. Auf jeden Fall gingen die Spieler mit der damaligen Männermode und die Pornobalken im Gesicht der Fortunen nahmen zu. Den Höhepunkt dieser Entwicklung erreichte das Team der Rot-Weißen zur Saison 1980/81. 21 Kicker formierten sich zum Mannschaftsfoto, davon trugen 13 einen mehr oder weniger prächtigen Schnäuzer, nämlich Rüdiger Wenzel, Günter Kuczinski, Günther Bansemer, Ralf Dusend, Günter Thiele, Heinz Wirtz, Ignazio Fornarelli, Heiner Baltes, Thomas und Klaus Allofs, Hubert Schmitz, Jörg Daniel und Horst Dreher.

Aha

Die 1970er: Klassefußball ohne Ambitionen

Fortunas amtierender Vorstandsvorsitzender Thomas Röttgermann durfte im November 2019 auf der Jahreshauptversammlung verkünden, dass der Verein im abgelaufenen Geschäftsjahr 2,1 Mio. Euro Gewinn gemacht hatte und die Bilanz ein positives Eigenkapital auswies. Das war nicht immer so. Die Geschichte der Fortuna ist eher gepflastert mit Verlusten, Schulden und nahezu andauernden Liquiditätsproblemen. Nicht ganz unschuldig an diesen in schöner Regelmäßigkeit wiederkehrenden frustrierenden Situationen war oft Fortunas gewählte Führungsriege. Marketingmaßnahmen schlugen wiederholt fehl, und die Zeichen der Zeit wurden oftmals verkannt.

Die Bundesligasaison 1972/73 war die beste Spielzeit, die die Fortuna bis heute abgeliefert hat. Am Ende belegte sie Platz drei hinter Meister Bayern und dem 1. FC Köln. Sie erzielte bis heute unerreichte 42:26 Punkte und 62:45 Tore. Im Durchschnitt kamen rund 26.000 Zuschauer zu den Heimspielen, was damals hinter den Bayern (ca. 33.300) den zweiten Platz unter den 18 Teams bedeutete. Es wäre also geboten gewesen, alle finanziellen Möglichkeiten auszuschöpfen, um weiterhin die Menschen mit attraktivem Fußball ins Rheinstadion zu locken. Doch anstatt sich an die Seite des Braunschweiger Likörfabrikanten Günter Mast zu stellen und sich frühzeitig einen attraktiven Trikotsponsor zu holen, hieß es nur: „Noch sind wir nicht auf Hilfe von dieser Seite angewiesen und werden sie, solange der Verein gesund ist, auch nicht in Anspruch nehmen", so Schatzmeister Herbert Kreidt. Immerhin, zum Ende der Spielzeit 1973/74 liefen auch die Fortunen mit Reklametrikots auf. „allkauf" hieß der allererste Trikotsponsor der Düsseldorfer.

Ähnlich wurde Anfang der 1970er Jahre die Macht des Fernsehens völlig falsch eingeschätzt. So weigerte sich Fortunas Vorstand, einer Live-Übertragung des UEFA-Pokalspiels gegen Lokomotive Leipzig zuzustimmen, weil dann weniger Menschen ins Stadion kämen. So hatten die Menschen in Nordrhein-Westfalen an dem Abend die Auswahl zwischen „Willi & Sylvia. Beobachtungen zur Auslese

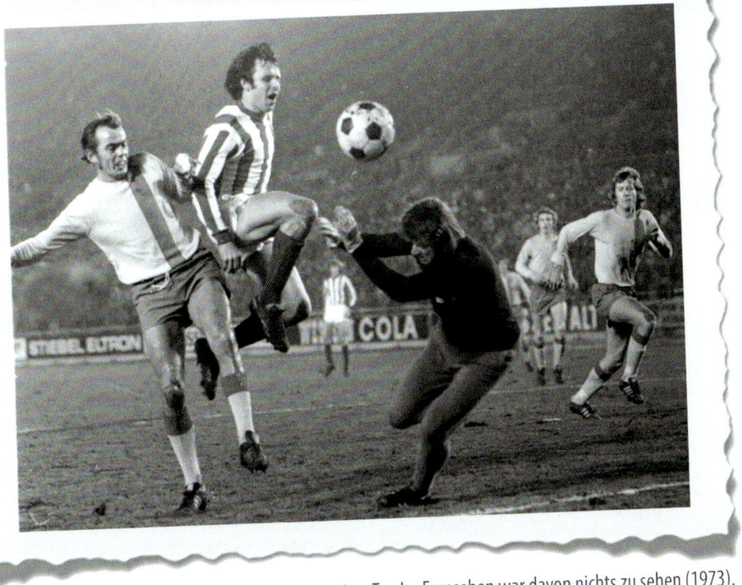

Wolfgang Seel vor dem Leipziger Tor. Im Fernsehen war davon nichts zu sehen (1973).

in der Schule" (ARD), dem „ZDF-Magazin" und „Müntzer & Luther. Dokumentation" (West 3). Fortuna gewann übrigens gegen Leipzig nach einer spannenden Partie vor 40.000 Zuschauern mit 2:1.

Zukunftsweisende Ideen waren in jenen Jahren bei Fortunas Vorstandsmitgliedern nicht zu finden. Im Gegenteil: 1974, nachdem die Düsseldorfer am Saisonende erneut den dritten Tabellenplatz belegten und dringend eine Verstärkung für ihren Sturm brauchten, winkte Präsident Bruno Recht ab: „Was soll das überhaupt? Wir werden auch im nächsten Jahr nur mitspielen." Ambitionierte Pläne sehen eindeutig anders aus. So verabschiedete sich die Fortuna langsam aber sicher aus der Bundesligaspitze und geriet in eine finanzielle Abwärtsspirale.

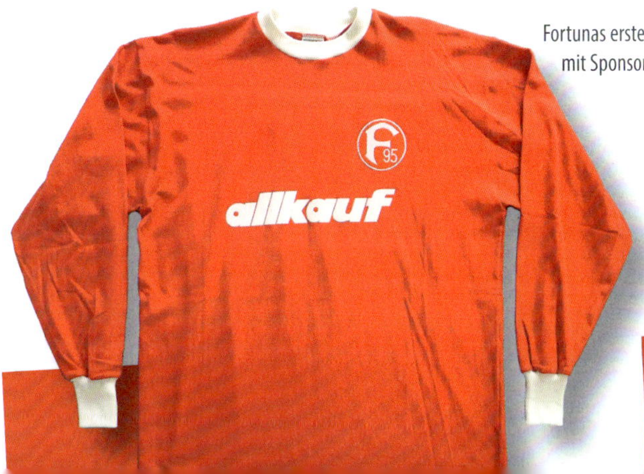

Fortunas erstes Jersey mit Sponsor (1974)

Aha! Extra

Hinter Gittern

Als Lutz Pfannenstiel im Dezember 2018 zum Sportvorstand der Fortuna ernannt wurde, hieß es nicht nur, „ach, der Weltenbummler", sondern auch, „das ist doch ein Ex-Knacki". Die Vereine, bei denen der Torhüter in der Vergangenheit tätig war, sind kaum zu zählen. Überschaubar hingegen ist die Dauer, die er 1999 in Singapur im Gefängnis gesessen hat, nämlich 101 Tage. Vorgeworfen wurde ihm Manipulation von drei Spielen. Unter anderem, weil er zu gut gehalten haben soll. Pfannenstiel wurde vorübergehend gesperrt, gilt in Deutschland jedoch nicht als vorbestraft. Das kann von folgenden Fortunen nicht behauptet werden.
Axel Gärtner beispielsweise. Auf der Jahreshauptversammlung im Oktober 1990 wurde der Rechtsanwalt, der „dazu beitragen (möchte), die guten alten Zeiten der Fortuna wieder aufleben zu lassen" mit großer Mehrheit zum 2. Vorsitzenden gewählt. Zu dem Zeitpunkt stand die Fortuna auf dem zwölften Platz der Bundesliga. Nur eineinhalb Jahre später, nämlich im März 1992, endete bereits Gärtners

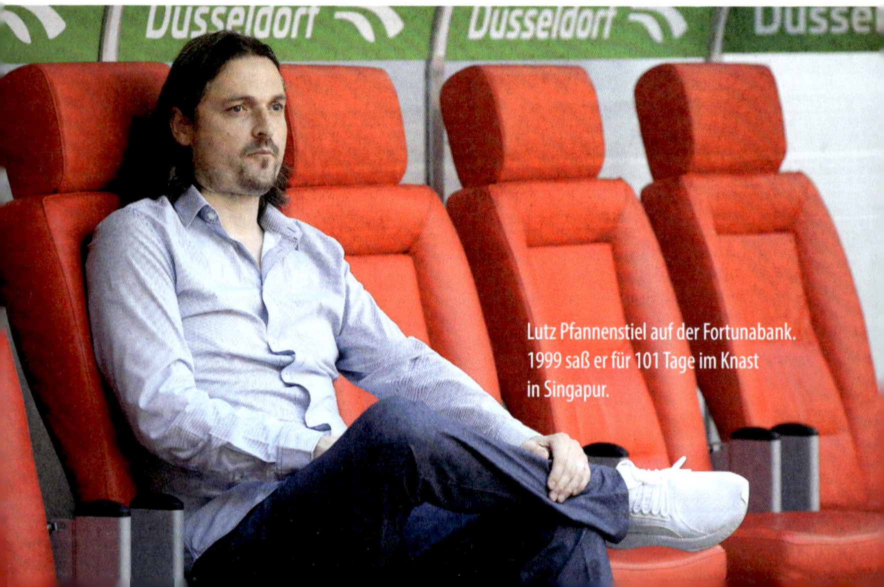

Lutz Pfannenstiel auf der Fortunabank. 1999 saß er für 101 Tage im Knast in Singapur.

Amtszeit. In dieser recht kurzen „Ära“ hatte er gemeinsam mit dem 1. Vorsitzenden Peter Förster zwei Trainer (Hickersberger und Schafstall) gefeuert sowie Manager Karl-Heinz Thielen und Schatzmeister Werner Faßbender vergrault. Der während eines Trainingslagers aus fadenscheinigen Gründen gefeuerte Schafstall hatte für Gärtner nur eine Bezeichnung übrig: „Tunichtgut“. Als die beiden Vorstände im 1992 zum Rücktritt gezwungen wurden, stand die Fortuna übrigens auf dem 20. Tabellenplatz, den sie bis zum Saisonende auch nicht mehr verließ.

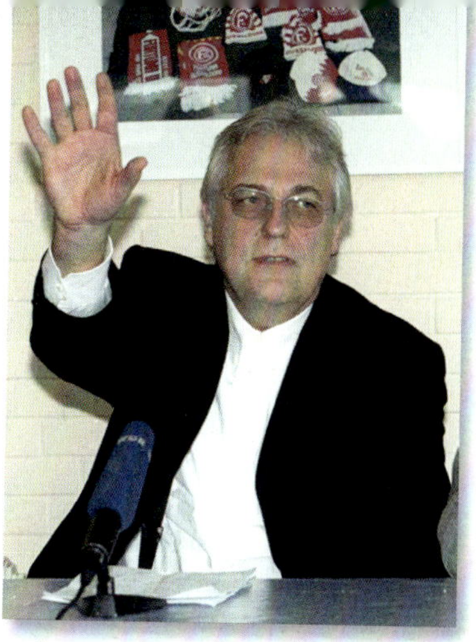

Fortunas Ex-Präsident Helge Achenbach wurde 2015 zu einer sechsjährigen Haftstrafe verurteilt.

Der neue Vorstand warf Gärtner vor, Bilanzfälschung und Spesenbetrug begangen zu haben. Beweisen ließ sich das jedoch nie, ganz im Gegensatz zum Schneeballsystem, das der Düsseldorfer Anwalt Anfang der 1990er Jahre aufzog. So sammelte er, der angeblich „mit den besten Kreisen“ in Kontakt stand, Geld gegen das Versprechen von hohen Renditen ein. Wie beim Schneeballsystem üblich, versiegte irgendwann die Geldquelle und die Versprechen konnten nicht mehr eingehalten werden. Axel Gärtner erkannte das schneller als seine Fahnder und tauchte im Januar 1995 unter. Erst im Juli 1997 fasste ihn der Bundesgrenzschutz, weil Gärtner von einem seiner Opfer erkannt wurde. Bei der Gerichtsverhandlung legte Gärtner ein tränenreiches Geständnis ab, doch aufgrund der Schadenssumme von 20 Mio. Mark wurde er 1998 zu einer Freiheitsstrafe von vier Jahren und sechs Monaten verurteilt.

Zu einer noch längeren Haftstrafe, nämlich sechs Jahren, wurde Fortunas Ex-Präsident Helge Achenbach im Jahr 2015 verurteilt. Der Düsseldorfer Galerist und Kunsthändler führte die Fortuna von August 1998 bis März 2001. Diese Zeit reichte aus, um den Verein beinahe in den finanziellen Abgrund zu reißen (siehe hierzu „Rechenkunststücke“). In den Knast musste er deshalb jedoch nicht. Die Haftstrafe bekam er aufgebrummt, weil er als Kunstberater unter anderem den Aldi-Erben Berthold Albrecht betrogen hatte, indem er etwa bei Verkäufen von Kunstgegenständen regelmäßig falsche Einkaufspreise ansetzte, was im Laufe der Jahre zu illegalen Zusatzeinnahmen von über 20 Mio. Euro führte. Als Helge Achenbach im Frühjahr 2018 freikam, lag sein geschäftliches Leben in Scherben, während sich die Fortuna langsam von seinen Fehlern erholte.

Radikaler Dribbler

Zur Saison 1989/90 wechselte der 19-jährige Tunesier Nizar Trabelsi zur Fortuna. Er gehörte zu Tunesiens Olympiaauswahl und die Erwartungen an den jungen Stürmer waren groß. Amateur-Obmann Manfred Müller sprach von einem „Glücksgriff". Trabelsi war schnell und trug schon bald den Spitznamen „Nissan". Uwe Fuchs, sein damaliger Mannschaftskollege, beschrieb ihn als „immer freundlich und umgänglich", aber zu sehr in seine Dribbelkünste verliebt. Der vermeintliche Glücksgriff entpuppte sich schon bald als Niete. Trabelsi machte kein einziges Pflichtspiel für die Rheinländer. Zur Rückrunde war er schon wieder weg. Sportlich ging es für ihn anschließend rapide bergab. Schließlich landete er beim VfR Neuss in der Landesliga. Am Auffälligsten war seine Marotte, eine Mini-Ausgabe des Korans unter den Schienbeinschoner zu schieben. Später wurde er eher polizeiauffällig wegen des Besitzes von Drogen und Waffen.

Weltweite Bekanntheit erlangte er hingegen zwei Tage nach den Al-Qaida-Anschlägen 2001 in den USA. Am 13. September bestätigte die Brüsseler Polizei Trabelsis Verhaftung. Nach monatelanger Observierung schlugen die belgischen Ermittler zu und fanden bei dem Ex-Fortunen Bombenanleitungen, Sprengstoff und eine Maschinenpistole. „Ich war zu allem entschlossen", wird er später zitiert. In Pakistan wurde er Ende der 1990er zu einem radikalen Moslem und Gefolgsmann von Osama Bin Laden. Als Schläfer und potentieller Selbstmordattentäter kehrte er schließlich nach Europa zurück. Zu seinen möglichen Anschlagszielen zählte die US-Botschaft in Paris oder ein US-Militärstützpunkt in Belgien.

Wegen dieser Anschlagspläne wanderte Trabelsi für zehn Jahre in den belgischen Knast und wurde anschließend an die USA ausgeliefert. Vielleicht wäre sein Leben ganz anders verlaufen, hätte er sich bei der Fortuna durchsetzen können.

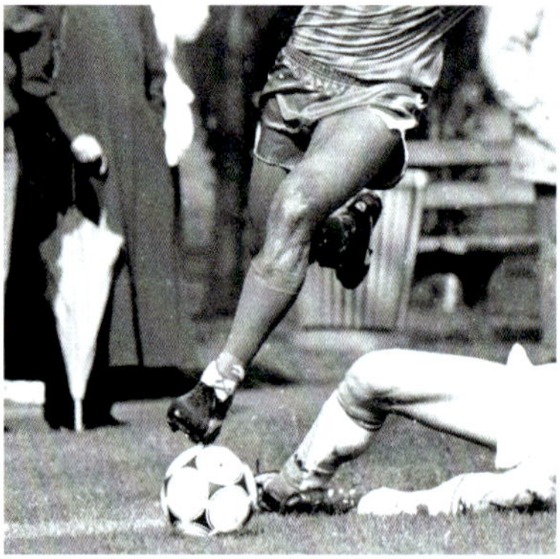

Dribbelnder Extremist: Nizar Trabelsi

Null-Tore-Netzwerke

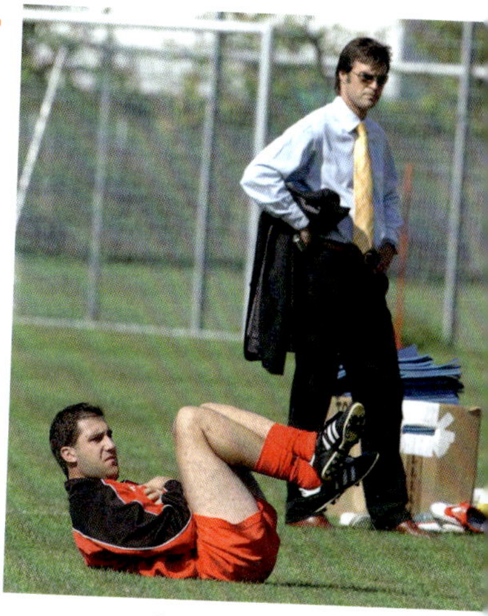

Überzeugt sieht anders aus: Thomas Berthold schaut kritisch auf den von ihm verpflichteten Walter Otta.

Lutz Pfannenstiels Ernennung zum Sportvorstand war mit der Hoffnung verbunden, dass er auf sein „zweifelsohne großes Netzwerk“ (RP) zurückgreifen könne. Pfannenstiel sollte der vergleichsweise finanziell nicht so gut aufgestellten Fortuna preiswerte, aber gute Spieler zuführen.

Netzwerk, Moment? Da war doch mal was gewesen. Im Sommer 2003 stellte Fortunas Aufsichtsratsvorsitzender Joachim Erwin den neuen General Manager Fußball der Presse vor: Thomas Berthold. Der Ex-Profi und Weltmeister von 1990 verfügte nach Überzeugung Erwins über ein internationales Netzwerk, um die Fortuna aus den Niederungen der Amateuroberliga zu führen. Dies gelang innerhalb des ersten Jahres seiner Tätigkeit – ob trotzdem oder deswegen sei dahingestellt. Denn noch heute erinnern sich Fortunas Fans ungern an Null-Tore-Stürmer wie Tony Roche oder Walter Otta, die in Bertholds Notizbuch standen. Schnell stand Berthold (nicht nur) in der Fankritik und konnte sich bald wieder aufs Golfspielen konzentrieren.

Und das internationale Netzwerk des Lutz Pfannenstiel? Auf jeden Fall waren einige Klubs, von denen die Fortuna ihre (Leih-)Kicker erhielt, prominenter (z. B. Sampdoria Genua, Manchester City, Lazio Rom) als es zu Bertholds Zeiten der Fall war. Doch die Bilanz des Weltenbummlers, der auf eigenen Wunsch die Fortuna Ende Mai 2020 vorzeitig verließ, fällt maximal durchwachsen aus. Torwart Florian Kastenmeier und Eric Thommy konnten zweifelsohne überzeugen. Doch zur Saison 2019/20 hatten die Rot-Weißen gleich drei Null-Tore-Stürmer in ihren Reihen (Ampomah, Tekpetey und Kownacki), die unter Pfannenstiel kamen. Während die beiden Erstgenannten zuletzt noch nicht einmal mehr auf der Bank saßen, kämpfte sich Dawid Kownacki nach langer Verletzungspause zurück in den Kader.

Während Lutz Pfannenstiel im August 2020 als Sportdirektor von St. Louis City SC verpflichtet wurde, um ein ganz neues Team aufzubauen, sorgte Thomas Berthold gleichzeitig als angeblich „querdenkender“ Redner auf Demonstrationen gegen die Coronapolitik für Schlagzeilen.

Aha

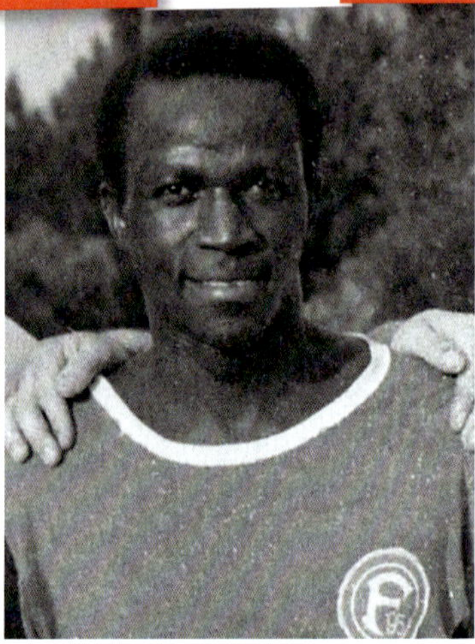

Charles „Kalle“ Gyamfi: der erste Ghanaer in Fortunas Diensten

Die Ghana-Connection

Kurz nachdem die Fortuna 1959 von ihrer zweiten Afrikareise zurückkam, stand ein Mann aus Ghana in ihrem Zweitligakader, der kein Wort Deutsch beherrschte, Charles Gyamfi. Der 29-jährige ghanaische Nationalspieler hatte sich während Fortunas Aufenthalt nicht nur für eine Trainerausbildung an der Sportschule Hennef, sondern auch für ein Engagement bei der Fortuna entschieden. Gyamfi, von den Fans „Kalle“ genannt, blieb nicht lange in Deutschland. Schon der erste Winter sorgte dafür, dass er wieder in sein Heimatland zurückging. Er absolvierte auch kein einziges Pflichtspiel für die Rot-Weißen, doch der spätere ghanaische Nationalcoach erinnerte sich gerne an seine Zeit am Rhein zurück. Zudem begründete er eine bis heute andauernde Verbindung zwischen Flingern und Ghana.
Doch erst 30 Jahre später kommt der nächste Ghanaer zur Fortuna, nämlich Anthony Baffoe. Allerdings unter ganz anderen Voraussetzungen, denn Baffoe war in Deutschland geboren und wechselte lediglich von der Kölner Namenscousine den Rhein abwärts nach Flingern. Gemeinsam mit Stürmer Uwe Fuchs verstärkte er das gerade wieder in die 1. Bundesliga aufgestiegene Team. Wesentlichen Anteil an der Verpflichtung des Kickers hatten Die Toten Hosen, denn unter dem Motto „Ein Bein für Baffoe“ zweigten sie von jeder verkauften Konzertkarte eine Mark zur Verpflichtung des Ghanaers ab. Baffoe fand die Idee klasse, dass die Düsseldorfer Punkband sich an seiner Verpflichtung, es war die Rede von der Finanzierung des rechten Beins, beteiligte. Schließlich blieb er bis zur Katastrophensaison 1991/92,

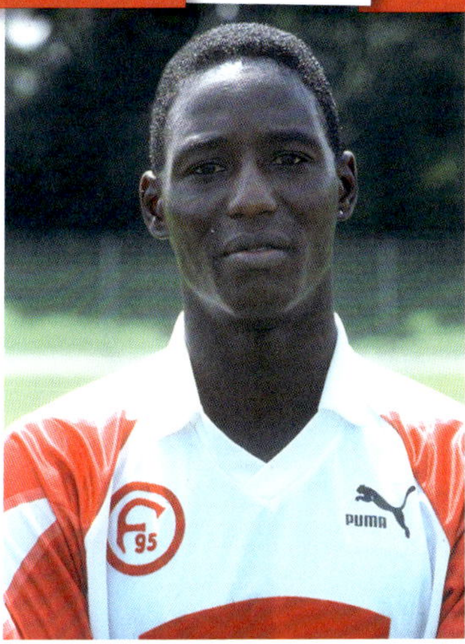

Anthony „Tony" Baffoe: Sein rechtes Bein finanzierten Die Toten Hosen.

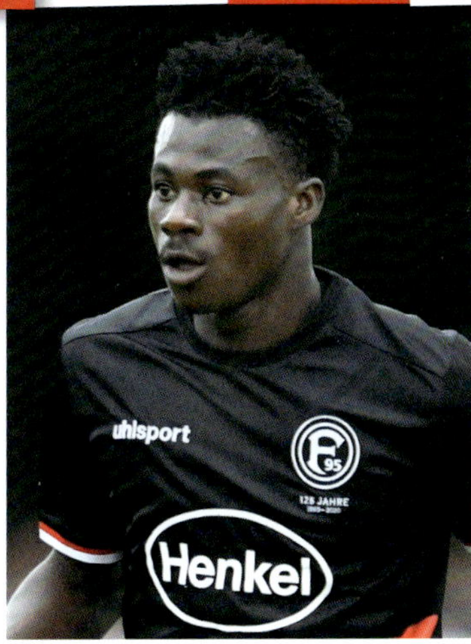

Kelvin Ofori: ein sogenannter Rohdiamant

Fortuna stieg als 20. der Bundesliga ab, in Flingern. Zuletzt saß er aber nach Kritik an Trainer und Vorstand häufiger auf der Tribüne, als dass er ins Spielgeschehen eingreifen durfte.

In den 1990ern kickten die beiden Ghanaer Arthur Moses und Daniel Addo im Dress der Rot-Weißen. Sie hinterließen allerdings keine bleibenden Erinnerungen.

Zur Saison 2019/20 standen gleich vier Ghanaer in Fortunas Diensten. Kasim Admas, ausgeliehen aus Hoffenheim, Nana Ampomah, verpflichtet vom belgischen Klub Waasland-Beveren, Bernard Tekpetey, ausgeliehen von Schalke 04, und Kelvin Ofori. Der 2001 geborene Ofori galt als „Ausnahmetalent", so Fortunas damaliger Sportvorstand Lutz Pfannenstiel, das in einer ghanaischen privaten Fußballakademie an seinen fußballerischen Fähigkeiten arbeitete. Zu seinem ersten Training bei der Fortuna hatte er noch nicht einmal eigene Fußballschuhe mitgebracht. Doch sein Auftritt in zu großen Töppen machte „einen super Eindruck" (Pfannenstiel), so dass er gleich einen Dreijahresvertrag erhielt.

Sportlich blieb das Quartett aus Ghana mehr als blass. Adams (13 Einsätze), Ampomah (12) und Tekpetey (9) gehörten zum Saisonende noch nicht einmal mehr zum Kader. Hoffnungsträger Ofori durfte wenigstens die Bank drücken und kam auf zwei Kurzeinsätze im Abstiegskampf. Helfen konnte er seinem Klub damit nicht, aber möglicherweise kommt sein Durchbruch im Fortuna-Dress ja noch.

Champagner-Gipfel

Nach der ersten Runde des Europapokals der Pokalsieger der Saison 1979/80 war für die Fortuna der Wettbewerb bereits beendet. Die Glasgow Rangers mit ihrem Nationaltorhüter Peter McCloy waren nicht zu bezwingen. Die Kostenabrechnung des UEFA-Spielerbeobachters Anton Bucheli zog sich jedoch bis kurz vors Endspiel des Wettbewerbs hin, den übrigens der FC Valencia gewann.
Zurück zum Schweizer Bucheli: Er war im Düsseldorfer Interconti in Zimmer 206 zum Preis von 267,60 Mark untergebracht gewesen. Zusätzlich auf Buchelis Rechnung befand sich jedoch die Position „Anteil Rechnung Rotisserie" in Höhe von immerhin 675 Mark. Die Frage, wer das Hotelzimmer zu zahlen hatte, war schnell geklärt, nämlich laut UEFA-Richtlinie der Beobachter, also Bucheli. Nur, was hatte es mit der Rotisserie-Rechnung auf sich?
Es ging um fünf Flaschen Champagner, die nach dem Spiel am 3. Oktober vom Hotelober den dinierenden Schiedsrichtern Anton Bucheli und Karl Heinz Klein, Düsseldorfs Schiedsrichterbetreuer, kredenzt wurden. Laut Aussage des Hotels gab Bucheli im „Auftrage der UEFA" die Bestellung auf. Der Schweizer widersprach vehement, denn er würde wohl kaum „eine Flasche Sekt für mich im Hotel in Deutschland kaufen, um sie nach der Schweiz zu transferieren". Die Angelegenheit zog sich hin, weil niemand bereit war, die Zeche zu zahlen. Erst ein persönlicher Gipfel im Interconti mit Fortunas Manager Werner Faßbender, Anton Bucheli und einem Hoteldirektor Angang Mai 1980 führte zu einer Einigung: Bucheli zahlte 400 Mark „bar und sofort", Fortuna 267 Mark „ebenfalls sofort bar". Und das Interconti verzichtete „aus Kulanzgründen" auf den Restbetrag. Anschließend konnte der UEFA mitgeteilt werden, dass „die leidige Angelegenheit nun endlich ihren Abschluss gefunden hat".

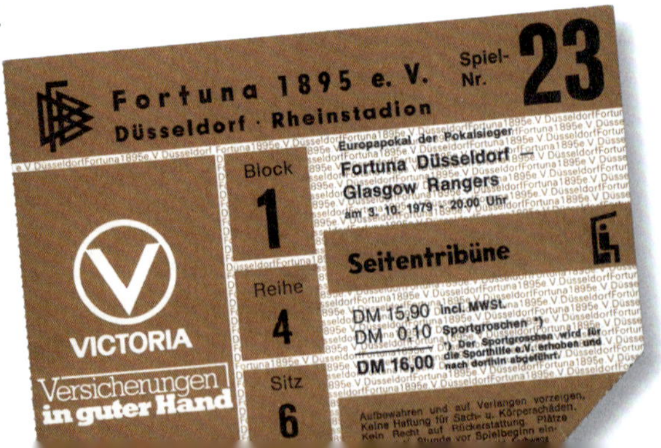

Wer zu spät faxt, steigt ab

Im Juni 2001 stand der Düsseldorfer Fortuna mal wieder das Wasser bis zur Halskrause. Die Beteiligungsfirma „Sportwelt" stellte die fest eingeplanten Zahlungen ein, weil sie Fortunas Verschwendungssucht nicht länger unterstützen wollte, so dass das finanzielle Überleben am seidenen Faden hing. Und sportlich kämpfte der Regionalligist gegen den Abstieg in die Oberliga. Das alles entscheidende Spiel fand am 9. Juni in Potsdam-Babelsberg statt. Fortuna musste unbedingt gewinnen und Babelsberg brauchte einen Punkt zum Aufstieg. Die Gästekurve war gut gefüllt, die Unterstützung großartig, doch das Tor des Tages erzielte in der 87. Minute ein Babelsberger. Die Brandenburger stiegen damit auf und die Rheinländer ab. Tränen flossen zuhauf, denn das Undenkbare war eingetreten: Fortuna Düsseldorf, Deutscher Meister 1933, zweifacher Pokalsieger, Europapokalfinalist 1979, musste den Gang in die viertklassige Oberliga antreten.
Sportlich zumindest. Da die „Sportwelt" nicht nur der Fortuna den Geldhahn abdrehte, mussten auch andere Klubs um die Lizenzerteilung kämpfen. Dabei blieben Sachsen Leipzig und Göttingen 05 auf der Strecke. Jetzt fehlte nur noch eine Lizenzverweigerung und die Fortuna, die unter anderem durch den Einsatz der Toten Hosen die Lizenzbedingungen erfüllte, bliebe Regionalligist. Bis zur letzten Minute kämpfte der Tabellenzehnte, der SV Wilhelmshaven, um das Regionalligaticket. Aber die interne Diskussion zur notwendigen Übernahme einer Bürgschaft dauerte zu lange. Exakt zwei Minuten, so der damalige Vorstand Hans Bösken, ging das Fax mit den zur Lizenzerteilung benötigten Unterlagen zu spät beim DFB ein. Mit einem defekten Faxgerät, wie es zunächst hieß, hatte das nichts zu tun.
Und die Fortuna? Die habe als Nicht-Absteiger „nun eine sportliche und wirtschaftliche Basis zum Neuaufbau", hieß es im WDR-Videotext am 18. Juni 2001. Das sollte sich leider als Irrtum erweisen.

Aha

Steinwürfe im Iran

Schon früh pflegten die Flingeraner einen internationalen Austausch mit anderen Klubs. Über Weihnachten 1913 ging es zu Gesellschaftsspielen nach Holland (Roosendaal) und Belgien (Gent). In späteren Jahren maß sich die Fortuna im freundschaftlichen Wettkampf mit Teams aus Holland, Luxemburg, Italien und Frankreich. Den Höhepunkt der Reisetätigkeit in der Frühphase der Fortunen stellte die Fahrt nach Nordafrika im Mai 1928 dar. Womöglich war die Fortuna damit der erste deutsche Klub, der auf afrikanischem Boden Fußball spielte.

Insgesamt 15 Personen packten ihre Koffer für die Fahrt auf den anderen Kontinent, 13 Spieler und zwei Betreuer. Von den Stammkickern fehlten Ernst Albrecht, der für die Nationalelf auflaufen durfte, und Karl Gottschall. Der 21-Jährige bekam von seinen Eltern keine Reiseerlaubnis, denn sie befürchteten eine Entführung ihres Karlchens durch die Fremdenlegion. Am 18. Mai absolvierten die Fortunen ihr erstes Spiel in Algier gegen den nordafrikanischen Meister aus Sidi bel Abbès, Endstand 1:0 für die Fortuna. Bis zum 27. Mai trafen die Flingeraner, die sich im Laufe ihrer Reise immer besser akklimatisierten, auf weitere drei afrikanische Teams und verließen jeweils als Sieger das Feld. Neben dem Fußball stand ein umfangreiches Besichtigungsprogramm in Nordafrika an, das für einmalige Erlebnisse gesorgt haben dürfte.

1954 wurden die USA bereist, 1959 ging es erneut auf den afrikanischen Kontinent, dieses Mal in Afrikas Westen. Die längste und auch turbulenteste Reise führte die Fortunen im Frühjahr 1963 auf zwei Kontinente, nämlich Afrika und Asien. Die Reisegruppe flog zunächst nach Ägypten und bestritt dort nach einigen Erholungstagen ein erstes Freundschaftsspiel gegen eine ägyptische Provinzauswahl. Es war ungewohnt heiß und einige Kicker plagten sich mit Darminfektionen rum, so dass die Fortuna mit 1:3 unterlag. Von Ägypten ging es weiter nach Teheran. Im Iran schwärmten die Spieler zunächst von einer „geradezu sagenhaften“ Gastfreundschaft, so Kalli Hoffmann. Doch im Laufe der nächsten Tage geriet die Düsseldorfer Reisegruppe mitten in die Auseinandersetzungen zwischen den Polizeitruppen des Schahs und protestierenden Schiiten und ihrem geistlichen Führer Ayatollah Chomeini. Die nächste sportliche Begegnung endete extrem unsportlich, nämlich mit Steinwürfen auf die Fortunen. Wohlbehalten zurück im Hotel angekommen hieß es erst einmal

1928: Gruppenbild auf Fortunas Afrikareise

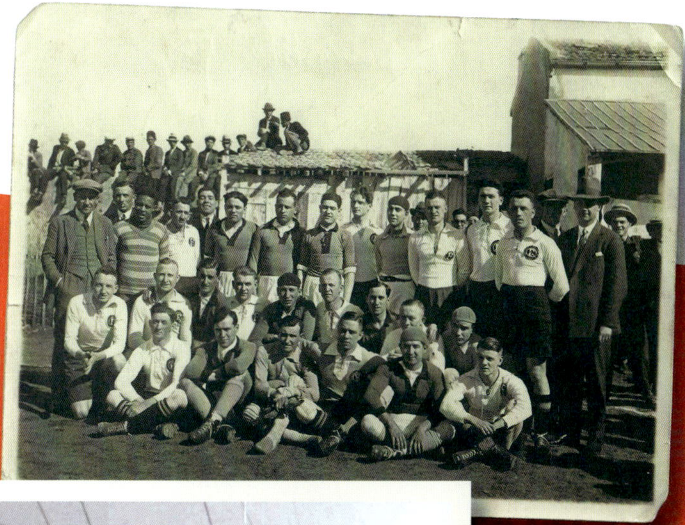

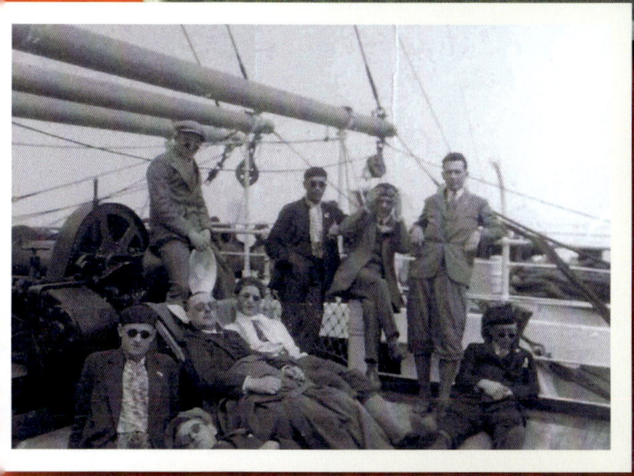

Entspanntes Reisen anno 1928: an der Reling Gaspers, Nähle, Neumann, Breuer (oben v. l.); Götzinger, Rott, Degens, Köhler (liegend v. l.). Von Bender ist nur der Kopf zu sehen.

Hausarrest, denn in den Straßen Teherans kam es zu Plünderungen, Brandstiftungen und heftigen Auseinandersetzungen zwischen Schah-Befürwortern und Gegnern. Schließlich konnte die Reisegruppe den Iran unversehrt wieder verlassen. Weitere Freundschaftsspiele fanden in Pakistan (Dhaka) und Sri Lanka (Colombo) statt. Damit war die Reise aber noch nicht beendet, denn in Thailand und Malaysia stand noch Erholungsurlaub auf dem Programm. Doch nach zurückgelegten rund 26.000 Kilometern und 24-tägiger Reisedauer war bei den Spielern von Erholung nichts zu spüren. Torwart Albert Görtz brachte die Angelegenheit auf den Punkt und sprach bei seiner Rückkehr von einer „Tortur" für die Spieler. Dennoch, Fortunas Verantwortliche gaben sich in Zeiten des noch nicht durchkapitalisierten Fußballs jede erdenkliche Mühe, den Spielern neue Horizonte zu eröffnen.

Durch Europa

In den Spielzeiten 1973/74 und 1974/75 spielte Fortuna Düsseldorf im UEFA-Pokal, 1978/79 bis 1980/81 im Europapokal der Pokalsieger. Dabei kickte sie in folgenden Ländern:
Belgien (Waterschei), Dänemark (Næstved),
DDR (Leipzig), Italien (Turin), Niederlande (Amsterdam),
Österreich (Salzburg, Wien), Portugal (Lissabon),
Rumänien (Craiova),
Schottland (Aberdeen, Glasgow),
Schweiz (Basel, Genf),
Tschechoslowakei (Ostrava),
Ungarn (Györ).

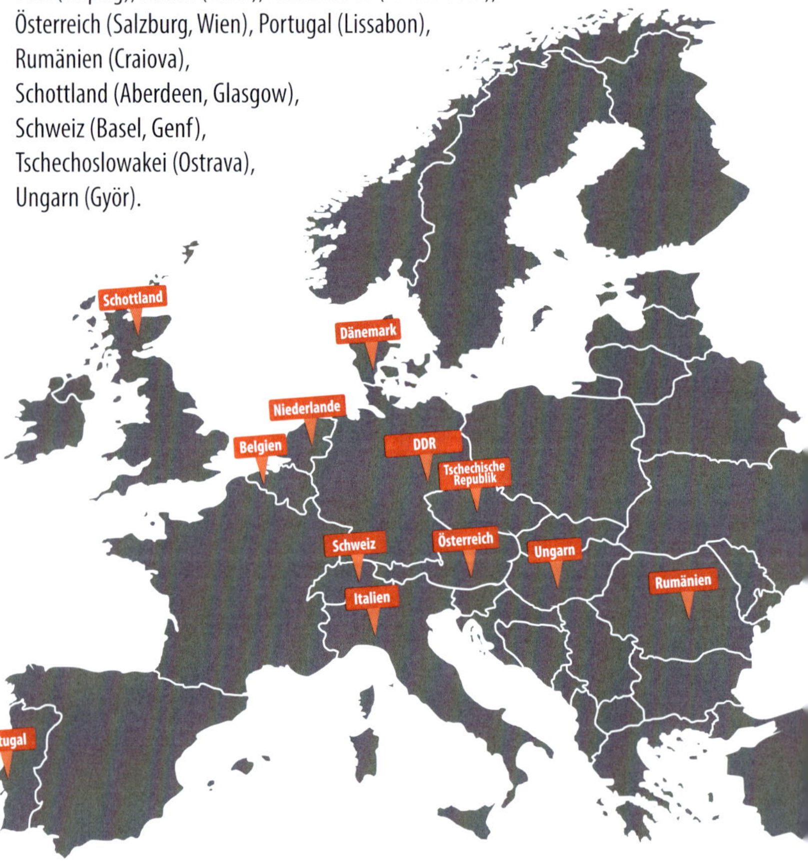

Finale verloren – Herzen erobert

Der ehemalige argentinische Fußballer und Trainer César Luis Menotti wird mit der Aussage zitiert, dass man „die Herzen nicht mit einem fantasielos errungenen Sieg" erreicht. Bezogen auf die Fortuna ist an dieser Aussage etwas Wahres dran. Denn rückblickend betrachtet eroberten 13 Fortunen nebst Trainer Hans-Dieter Tippenhauer die Herzen vieler Menschen mit einer dramatischen Niederlage, geschehen am 16. Mai des Jahres 1979. Im Baseler St. Jakob-Stadion standen sich die Teams der Fortuna und des FC Barcelona im Europapokalfinale der Pokalsieger gegenüber. Dabei durften die Düsseldorfer nur dank des Doubles des 1. FC Köln als unterlegener Pokalfinalist überhaupt am Wettbewerb teilnehmen.
Auf dem Weg ins Endspiel schalteten die Rheinländer nacheinander Universitatea Craiova, FC Aberdeen, Servette Genf und Banik Ostrava aus. Die Zuschauer aller vier Heimspiele hätten zusammengenommen nicht für ein ausverkauftes Rheinstadion gesorgt, denn es kamen insgesamt nur 41.000 Menschen (Mehrfachzählungen sind dabei natürlich nicht berücksichtigt) zu diesen Partien, um ihre Fortuna auf dem Weg ins Finale zu unterstützen.

Die Elf in Basel, stehend v. l.: Zimmermann, Brei, Baltes, Köhnen, Klaus Allofs, Seel. Vorne v. l.: Bommer, Zewe, Daniel, Schmitz, Thomas Allofs

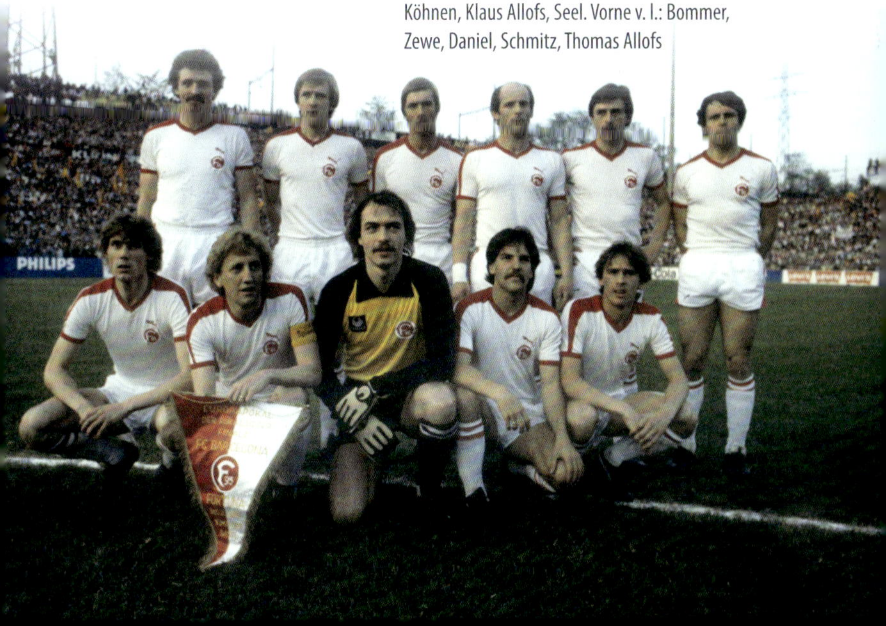

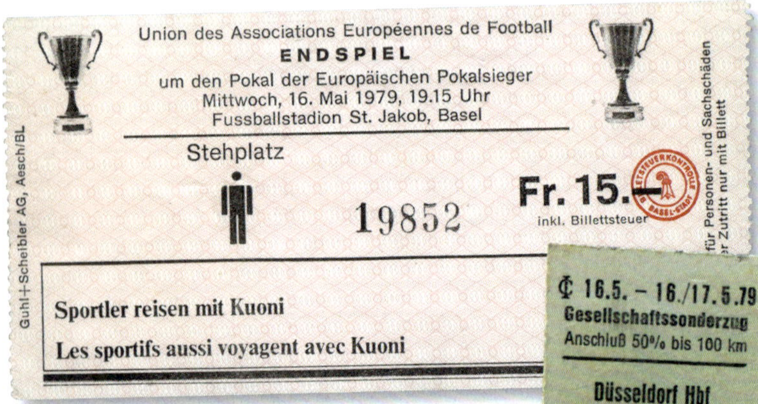

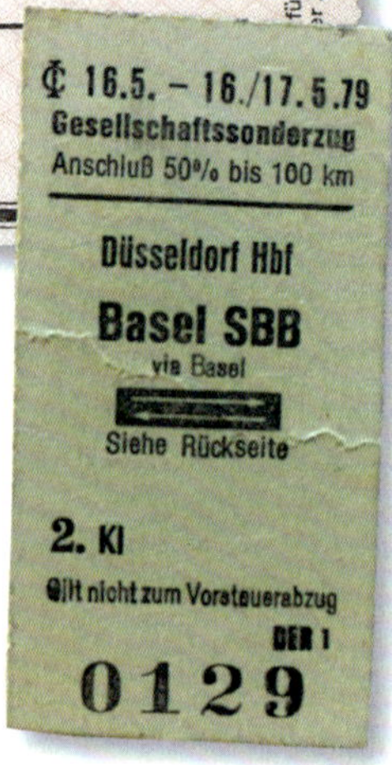

Immerhin reisten rund 10.000 bis 15.000 Anhänger der Rot-Weißen mit ihrem Team in die Schweiz. Tolles Wetter, entspannte Atmosphäre zwischen den Fanlagern (die Spanier waren eindeutig in der Überzahl), ein mit 58.000 Zuschauern ausverkauftes „Joggeli" – beste Voraussetzungen für einen tollen Fußballabend.

Den Anstoß für Barcelona führte einer von vielen Stars des Teams aus, Hans Krankl. Dazu kamen unter anderem Johann Neeskens und Juan Asensi. Die Favoritenrolle vor der Begegnung war klar verteilt, doch den Fortunen war die ihr zugewiesene Außenseiterrolle nur recht. Der Favorit ging früh in Führung, kassierte kurz darauf den Ausgleich (Thomas Allofs), verschoss einen Elfmeter, ging erneut in Führung und musste noch vor der Pause den erneuten Ausgleich hinnehmen (Wolfgang Seel). „Was will man mehr von einem Fußballspiel?" lautete das Halbzeitfazit des ARD-Reporters Ernst Huberty.

Die zweite Hälfte war genauso spannend, verlief aber ohne Tore. Das meiste Aufsehen erregte der schwache Schiedsrichter Károly Palotai, der die unangemessene Härte der Katalanen (hier taten sich besonders Migueli und der Holländer Neeskens hervor) nicht angemessen bestrafte. Verlängerung. Die Fortuna startete furios, obwohl sie mittlerweile nicht nur auf Dieter Brei sondern auch auf den Krankl-Bewacher Gerd Zimmermann verzichten musste, vergab jedoch beste Chancen. Mitten in die Drangperiode die kalte Dusche für die Rot-Weißen: Barca erzielt durch ein Billardtor den dritten Treffer. Keine zehn Minuten später erhöht Krankl auf 4:2.

Aha

War's das? Noch nicht ganz, denn „Düsseldorf spielt und kämpft, wie selten zuvor gesehen oder überhaupt noch nie" (Huberty). Doch zu mehr als dem erneuten Anschlusstreffer (Seel) reicht es nicht mehr. 120 Minuten gefightet, doch am Ende standen die Fortunen mit leeren Händen da.
Riesige Enttäuschung, denn der größte Triumph der Vereinsgeschichte war zum Greifen nah. Niemand dachte an jenem Abend daran, dass diese epische Begegnung einmal als „größter Fortuna-Moment" (Benno Beiroth, Fortunas damaliger Chef der Lizenzspieler) in die Geschichte eingehen wird.

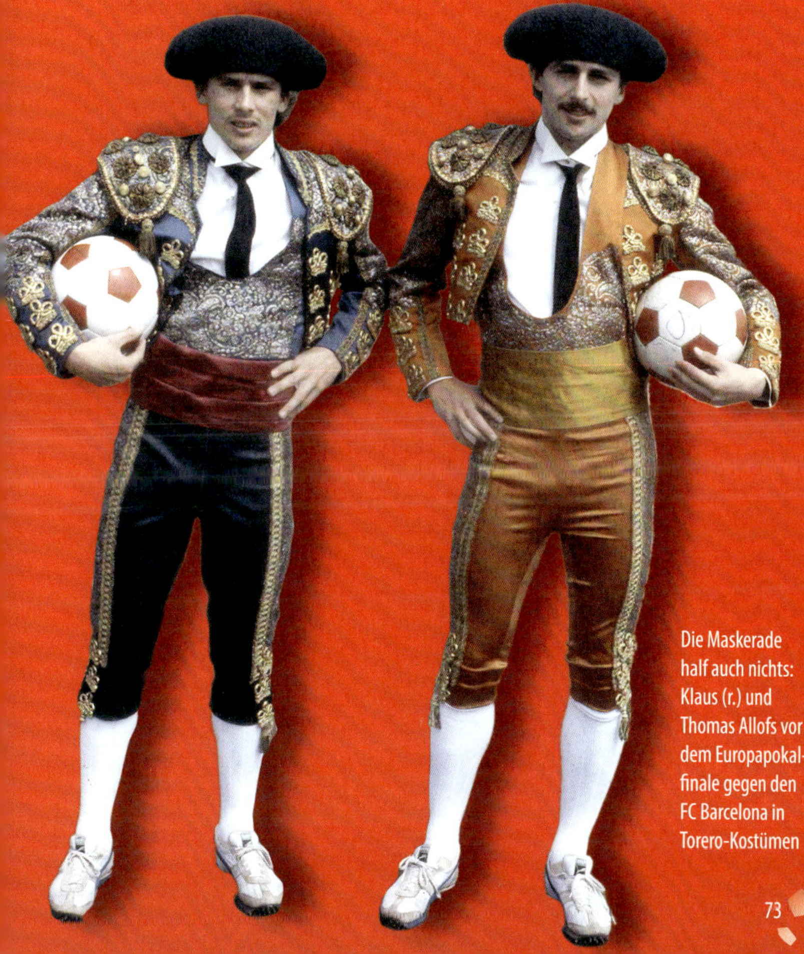

Die Maskerade half auch nichts: Klaus (r.) und Thomas Allofs vor dem Europapokalfinale gegen den FC Barcelona in Torero-Kostümen

Aha

Mythos Fortuna

Am ehesten kommt in der 125-jährigen Fortuna-Geschichte das 1979 gegen den FC Barcelona verlorene Europapokalendspiel einem Mythos nahe. Doch es wurde nie so benannt. Erst ein bloßer Freundschaftskick zwischen zwei Fortuna-Teams im Mai des Jahres 2003 sorgte für ein wahrhaft mythisches Erlebnis in Düsseldorf.

Die erste Mannschaft der Rot-Weißen hatte soeben nach einer unterirdischen Saisonleistung den achten Platz in der Amateuroberliga Nordrhein (4. Liga) belegt. Das Vorhaben, nach dem Abstieg in die Niederungen des Amateurfußballs sofort wieder in die Regionalliga zurückzukehren, war krachend gescheitert. Es fehlte dabei nicht am Glück, sondern an der Qualität des Teams. Ganz anders die Elf der Saison 1993/94, die nach ihrem Abstieg in die Amateuroberliga Nordrhein (damals eine drittklassige Liga) den direkten Durchmarsch bis in die Bundesliga schaffte und damit einen Hauch von Mythos ausstrahlte. Angesichts der ärmlichen Vorstellungen des aktuellen Teams behaupteten die Kicker der 93er Elf, Ralf Voigt und Petr Rada: „Die hauen wir weg."

Aus dieser flapsigen Bemerkung der beiden Fußballrentner entwickelte die Düsseldorfer Sportpresse die Idee zu einem „Klassentreffen": Die Fortuna des Jahres 1993 trifft auf die des Jahres 2003. Schnell war die Rede vom „Mythos-Spiel" und beinahe ganz Düsseldorf wurde zugepflastert mit Werbung für diese sportlich an sich belanglose Partie. Versprochen wurde eine „Riesenparty für die ganze Familie", so Mit-Organisator Boris Bartels. Und er versprach nicht zu viel.

Besuchten während der abgelaufenen Saison durchschnittlich rund 3.500 Zuschauer die Oberliga-Heimspiele ihrer Fortuna, so strömten an diesem 29. Mai 2003 insgesamt 5.268 Menschen nach Flingern. Herrliches Vatertagswetter sorgte zudem für einen passenden Rahmen.

Der als Stadionsprecher engagierte Kabarettist Dieter Nuhr begrüßte die beiden Teams. Die 93er Elf, die für diese Partie fast vollständig nach Flingern zurückkehrte und von Aleks Ristić gecoacht wurde (Uwe Weidemann trainierte das aktuelle Team), war von Beginn an die bessere Elf. Vlatko Glavas und Richard Cyron (Fortunas Goalgetter der Saison 1993/94) sorgten für eine 2:0-Führung der Alt-Stars. In der Phase „sahen meine Jungs ganz schön grün aus", stellte Weidemann zu seinem Leidwesen fest. Doch den „Alten" ging trotz fliegender Wechsel nach einer guten Stunde die Puste aus. Dieter Nuhr rief schon nach dem Sauerstoffzelt für Petr Rada. Der eingewechselte Co-Trainer Uwe Klein (mittlerweile Sportvorstand) sorgte mit

einem Doppelpack für den Ausgleich, bevor Michael Rösele und Frank Mayer (Fortunas aktueller Top-Scorer) mit ihren Treffern in den Schlussminuten den Deckel für die Jung-Stars draufmachten. Gemeinsam gingen beide Teams auf eine viel umjubelte Ehrenrunde. Nicht nur rund 40.000 Euro brachte das Spiel der Fortuna ein, sondern auch der späteren Fortuna-Legende Andreas Lambertz den ersten Vertrag.
Heute wird das Mythos-Spiel als entscheidender Wendepunkt in der Fortuna-Geschichte gesehen. Von hier aus kehrte die Fortuna mit tatkräftiger Unterstützung ihrer Fans nicht nur in den bezahlten Fußball, sondern auch in die Herzen vieler zuletzt eher auf Distanz gegangener Düsseldorfer zurück.

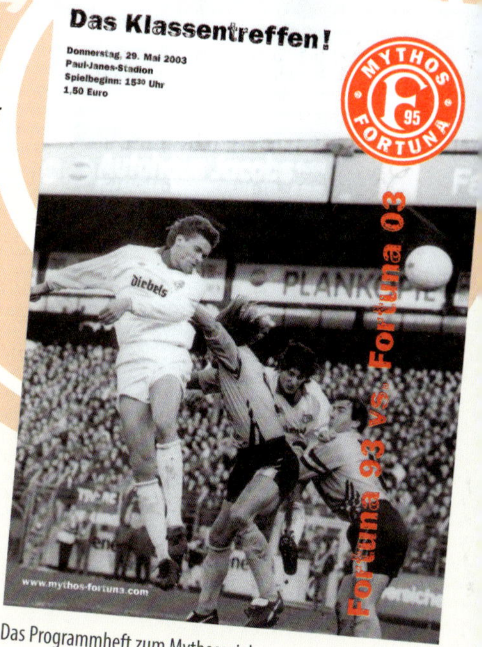

Das Programmheft zum Mythosspiel

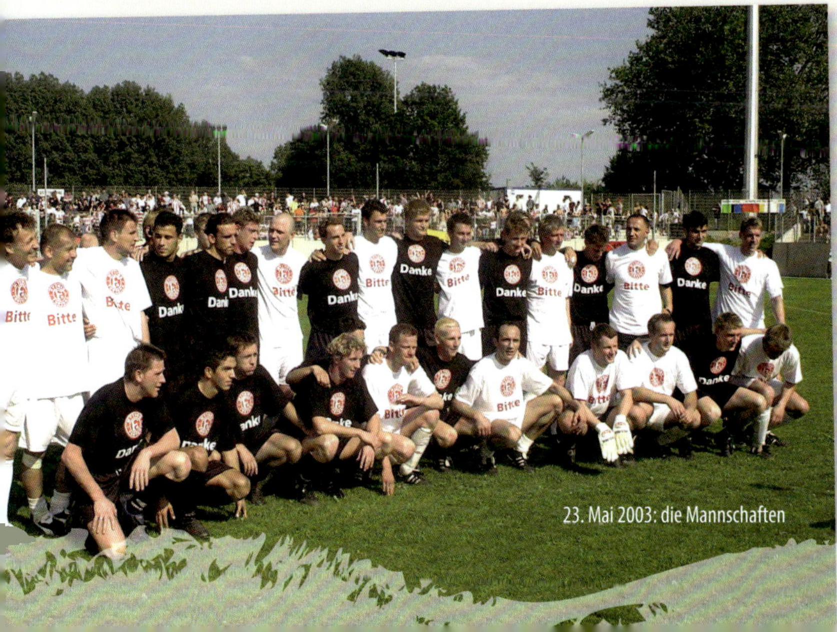
23. Mai 2003: die Mannschaften

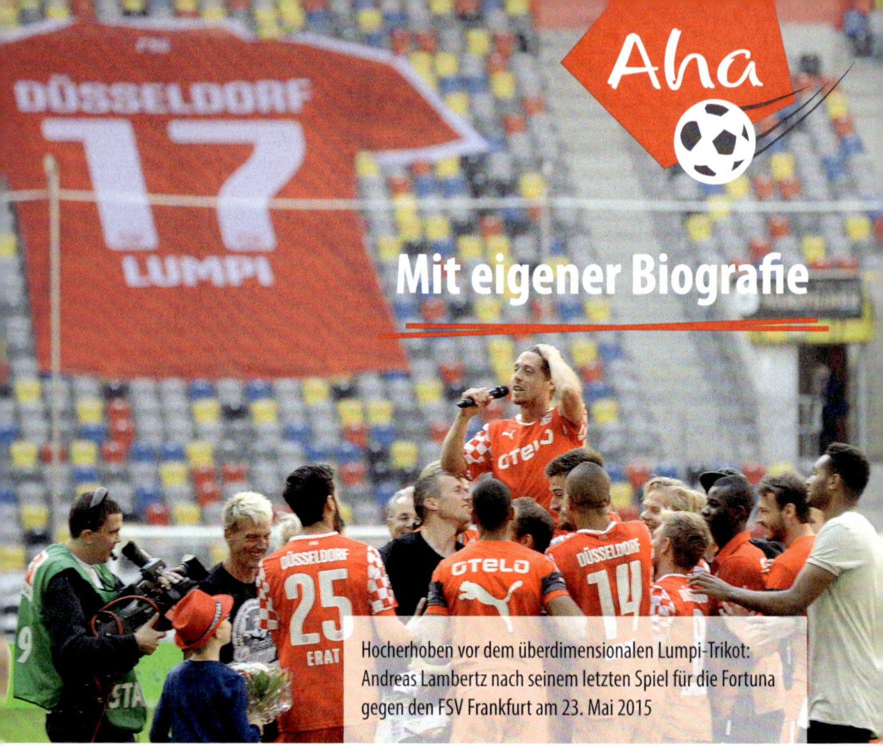

Aha

Mit eigener Biografie

Hochgehoben vor dem überdimensionalen Lumpi-Trikot: Andreas Lambertz nach seinem letzten Spiel für die Fortuna gegen den FSV Frankfurt am 23. Mai 2015

Andreas „Lumpi" Lambertz erzielte in 322 Ligaspielen für Fortunas erste Mannschaft 40 Tore. Das erste während Fortunas Viertligasaison am 14. September 2003 in der Partie gegen Borussia Wuppertal (Endergebnis 4:1), das letzte während Fortunas Bundesligasaison 2012/13 am 9. März 2013 in München gegen Manuel Neuer. Der 2:1-Führungstreffer reichte zwar nicht zum Sieg, das Spiel ging mit 2:3 verloren, aber für einen Eintrag in die Geschichtsbücher. Denn damit war der Mann mit der Nummer 17, die er seit der Saison 2004/05 trug, der erste Kicker Deutschlands, der für ein und denselben Verein in den obersten vier Ligen mindestens einen Treffer erzielte. Eigentlich wäre ihm die Nummer sieben lieber gewesen, doch die schnappte ihm der ältere, längst vergessene Thomas Hoersen vor der Nase weg. So blieb es bei der 17.
Auch wenn Lambertz 2015 zum Entsetzen vieler Fans aussortiert wurde, ist er bis heute die einzige lebende Fortuna-Legende mit einer eigenen Biografie (Frank Lehmkuhl: „Lumpis Weg"). Lehmkuhl beschreibt Lambertz als einen Fußballer, der „sich mit begrenzten Mitteln von keinem Hindernis aufhalten" ließ und nicht nur in Düsseldorf Kultstatus erlangte.
Nach drei Jahren bei Dynamo Dresden kehrte er 2018 nach Flingern zurück und verstärkte Fortunas U23-Team in der Regionalliga West. Im Juni 2020 beendete „Lumpi" seine aktive Karriere und wurde Mitglied des U23-Trainerteams.

Chromatisch und vernagelt

Aha! Extra

Als im Sommer 1939 Wilhelm Michel den langjährigen Vereinspräsidenten (zuletzt Vereinsführer genannt) Matthias Bakkers ablöste, galt dies in zweierlei Hinsicht als Überraschung. Einerseits, dass es überhaupt zu einer Ablösung Bakkers kam, und andererseits, dass erstmals ein Intellektueller den Posten bei der Fortuna übernahm. Professor Wilhelm Michel arbeitete nämlich als Leiter für Tafelzeichnen und Methodik an der Düsseldorfer Kunstakademie. Bis heute ist aufgrund fehlender Dokumente nicht klar, wie lange Michel als Vereinsführer agierte. Klar ist auf jeden Fall, dass er bereits zum 1. August 1939 in den aktiven Wehrdienst zurückkehrte (Michel war Luftwaffenpilot im Ersten Weltkrieg) und nur selten in Düsseldorf anzutreffen war. Vermutlich diente er nur als eine Art parteiloser Strohmann, während die Fäden im Hintergrund weiterhin von Matthias Bakkers und Manager (damals gab es den Begriff allerdings noch nicht) Toni Rudolph gezogen wurden. So lässt sich also nicht sagen, ob Michels künstlerischer Hintergrund stilbildend für die Geschicke der Fortuna gewesen ist.

Ganz anders dagegen die 58 Jahre später beginnende Amtszeit von Helge Achenbach. Der bekannte Düsseldorfer Kunsthändler übernahm 1997 den Vereinsvorsitz, als sich sein Verein in einer sehr schwierigen finanziellen Lage befand. Um den Klub vor der Pleite zu retten, war fantasievolles Arbeiten gefragt. Und das bewies der umtriebige Achenbach in jeder Hinsicht – positiv wie negativ. So kam Helge Achenbach auf

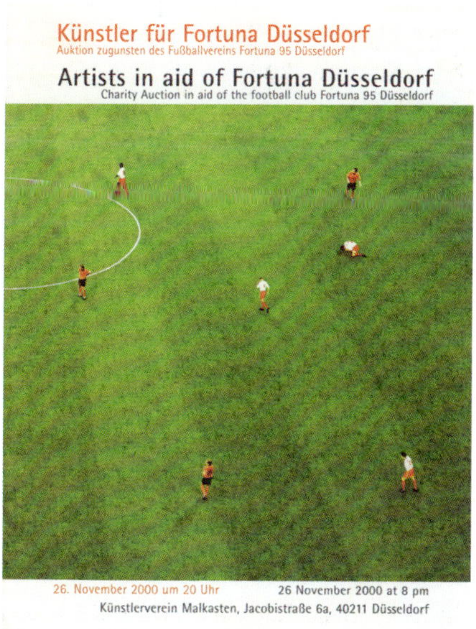

Der Ausstellungkatalog zur erfolgreichen Kunstauktion

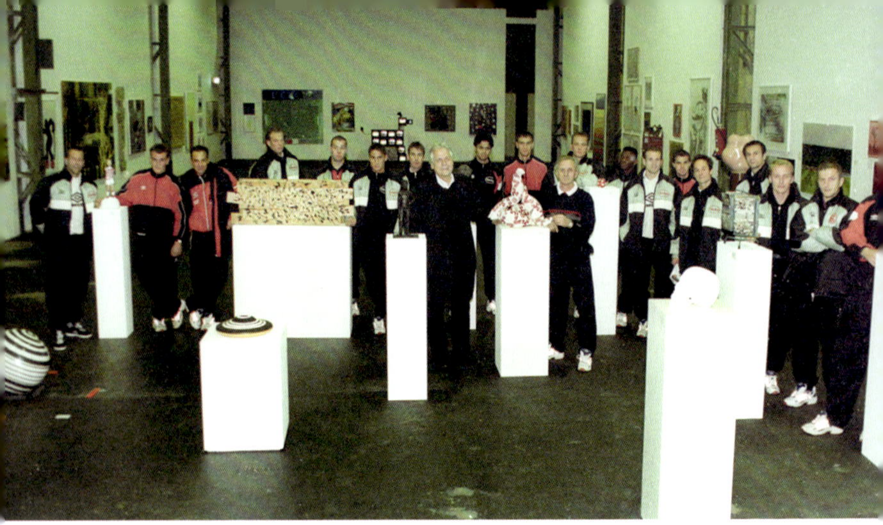

Zu Besuch: Mannschaft und Trainer Ristić auf der Kunstauktion des Fortuna-Präsidenten Helge Achenbach

die Idee, für die Fortuna und deren Kasse seine Kontakte in die Kunstwelt spielen zu lassen und stellte im November 2000 unter dem Motto „Künstler für Fortuna Düsseldorf" eine Auktion zugunsten des von ihm geführten Klubs auf die Beine. Wer jetzt denkt, da wurden ein paar selbstgetöpferte Fortuna-Vasen oder ähnlicher Nippes versteigert, irrt sich gewaltig. Achenbach gelang es nämlich, nicht nur national bekannte Künstler und Künstlerinnen, sondern auch internationale Größen vor den Fortuna-Karren zu spannen. Beispielsweise beteiligten sich Stephan Balkenhol, Katharina Fritsch, Andreas Gursky, Jörg Immendorf, Markus Lüpertz, Juan Munoz, Nam June Paik und Katharina Sieverding an der Auktion. Ob die 105 zur Versteigerung eingereichten Kunstwerke dabei einen Fußballbezug hatten, spielte keine Rolle. Dennoch waren einige sehenswerte Objekte mit Bezug zum Fußball und zur Fortuna im Programm: Günther Uecker mit einem vernagelten Tor, Katharina Sieverding mit einem Foto vom Nebenplatz des Rheinstadions mit dem Titel „Ratinger Hof gegen UEL", Heinz Mack lieferte eine chromatische Konstellation unter dem Titel „Stadion Fortuna" und natürlich Andreas Gursky mit einer großformatigen Fotomontage namens „Fortuna Düsseldorf". Gursky führte in seiner Fotomontage die Elf der Fortuna mit der der holländischen Nationalmannschaft auf dem Rasen des Düsseldorfer Rheinstadions zusammen.

Die Auktion im Malkasten war ein voller Erfolg für Achenbach und seine Fortuna und brachte rund 1,3 Mio. Mark ein. Leider steht dieser positive Beitrag in keinem Verhältnis zu dem Geschäft, das Helge Achenbach ein Jahr zuvor mit der „Sportwelt" abgeschlossen hatte, und das die Fortuna beinahe in den endgültigen Ruin trieb (siehe hierzu „Rechenkunststücke").

Kunst auf Jersey

Im Sommer 2003 ging es der Düsseldorfer Fortuna nicht gut. In der viertklassigen Amateuroberliga erreichte das Team gerade einmal den achten Platz (u. a. hinter Adler Osterfeld und dem 1. FC Bocholt) und finanziell sah es ähnlich mau aus. Keine Fernsehgelder und die Sponsorenschlange fiel so kurz aus, dass vor Saisonbeginn sogar ein Trikotsponsor fehlte.

An dieser Stelle kam Fortunas umtriebiger Ex-Präsident Helge Achenbach ins Spiel. Achenbach, in erster Linie Kunsthändler, hatte im neu geschaffenen Düsseldorfer Medienhafen eine Art Beachclub mit dem Namen „Monkey's Island" eröffnet. Das Logo des Klubs, ein auf seinem Hintern sitzender bechernder roter Affe, wurde gestaltet vom 2007 verstorbenen Jörg Immendorff.

Der Immendorff? Ja, der Immendorff. Der Beuys-Schüler, ehemaliges Mitglied der maoistischen KPD/AO, der Gerhard Schröder für die Kanzlergalerie portraitierte und die Bilderreihe „Café Deutschland" schuf, war eng mit Helge Achenbach befreundet. 2000 war er sogar Trauzeuge, als Immendorff die in Sofia geborene Oda Jaune heiratete. In dieser schwierigen Zeit der Fortuna konnte der Kunsthändler Achenbach den Künstler Immendorff davon überzeugen, seinen Monkey`s-Affen für die Jerseys der Fortuna freizugeben. „Über die Höhe des Engagements wurde (. . .) Stillschweigen vereinbart", hieß es hierzu in der Pressemeldung der Fortuna.

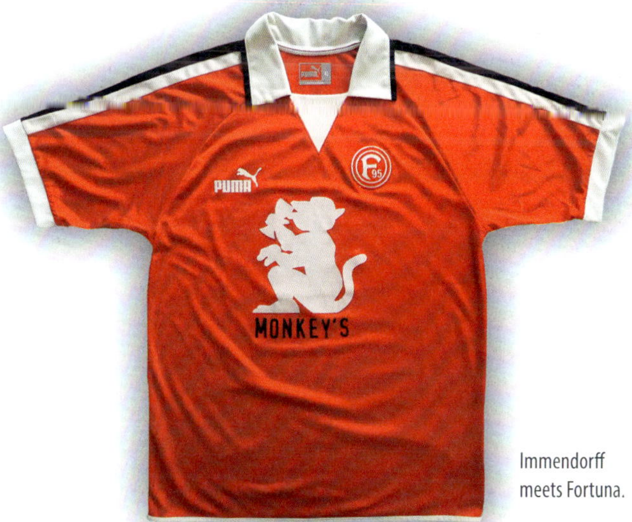

Immendorff meets Fortuna.

Rechenkunststücke

Bei einer üblichen Kreditvereinbarung leiht sich X Geld bei Y und zahlt den geliehenen Betrag zuzüglich Zinsen in einem vorher definierten Zeitraum zurück. Nicht so bei der Fortuna. 1999 fehlte das Geld einmal mehr an allen Ecken und Enden, und Fortunas Vorstand um Helge Achenbach kam auf die Idee, sich Unterstützung bei Dr. Michael Kölmel, dem Chef der Beteiligungsfirma „Sportwelt", zu holen. Nach vielen vereinsinternen Diskussionen wurde Fortuna Düsseldorf (wie zum Beispiel auch Dynamo Dresden und Waldhof Mannheim) Teil des „Sportwelt"-Imperiums. Der Vertrag sah unter anderem vor, dass der Zweitligist aus Flingern umgerechnet rund 7,7 Mio. Euro als Darlehen erhält (das nur zum Teil ausgezahlt wurde). Zudem verkaufte die Fortuna für einen Preis von umgerechnet rund 1,7 Mio. Euro sämtliche Vermarktungs-und TV-Rechte an die „Sportwelt". Das bedeutete, dass maximal 70 Prozent der Fernseheinnahmen dem Verein zustanden, der Rest ging an die „Sportwelt". Leider enthielt dieser Vertrag weder eine ordentliche Kündigungsklausel, noch ein Ablaufdatum.

Bereits kurze Zeit später dämmerte den neuen Verantwortlichen des Vereins, dass diese Vereinbarung nicht zu Fortunas Vorteil ausfiel. Also wurde mit Kölmel, der mit seinen Unternehmen zwischenzeitlich auch in finanzielle Schwierigkeiten geriet, nachverhandelt. Nach und nach kaufte sich die Fortuna ihre Rechte wieder zurück, zahlte aber einen stolzen Preis. Die aktuell gültige Vereinbarung sieht vor, dass der „Sportwelt" bis zum Jahr 2023 jeweils 15 Prozent der TV-Gelder zustehen. Das waren beispielsweise zur Saison 2019/20 gut 4,9 Mio. Euro. Sollte diese Vereinbarung bis 2023 Bestand haben, so hat die „Sportwelt" für letztendlich an die Fortuna gezahlte knapp sieben Mio. Euro insgesamt vermutlich mehr als 45 Mio. Euro zurückbekommen.

Was für eine Rendite!

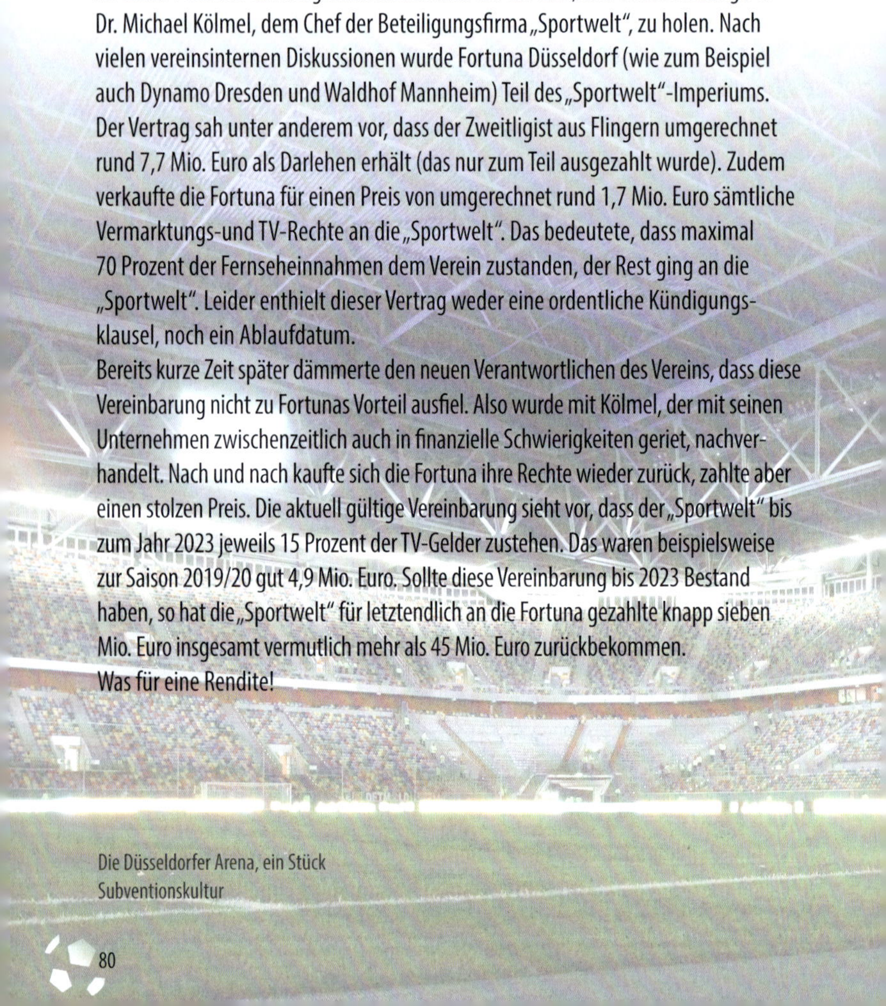

Die Düsseldorfer Arena, ein Stück Subventionskultur

Populärer Irrtum

Nicht viel besser rechnete Düsseldorfs ehemaliger Oberbürgermeister Joachim Erwin, der unbedingt anstelle des maroden Rheinstadions eine Multifunktionsarena bauen lassen wollte. Dies tat er und sorgte für einen gedeckelten Baupreis von 218 Mio. Euro. Nur ein rentabler Arenabetrieb stand nicht auf seiner Agenda – trotz gegenteiliger Aussagen. So kam es, wie es kommen musste. Seit September 2004, als der Drittligist Fortuna die inoffizielle Eröffnung der zu dem Zeitpunkt noch nicht fertigen Spielstätte mit einem Ligaspiel gegen Union Berlin bestritt, handelt es sich um einen Subventionsbetrieb der Stadt Düsseldorf. Bis zum Ende des Bilanzjahres 2018 summierten sich die Verluste auf knapp 190 Mio. Euro. Als es OB Erwin dämmerte, dass es mit einem rentablen Betrieb nichts wird, machte er die Wende und stellte die Arenasubventionen einfach in eine Reihe mit den subventionierten Düsseldorfer Bühnen. Und so gesehen sind das schon beinahe Peanuts, denn die Kultursubventionen des Jahres 2019 für Opernhaus (32 Mio. Euro), Schauspielhaus (17 Mio. Euro inkl. Gelder für Baumaßnahmen) und die freie Kunstszene (8,1 Mio. Euro) belaufen sich auf ein Vielfaches der Arenasubventionen.

Der Fortuna brachte der Umzug in die Arena nach einem anfänglichen Fremdeln neue Käuferschichten und höhere Einnahmen. Ohne, dass der Verein dafür außer der vereinbarten Miete, die übergangsweise sogar gestundet wurde, selber Geld in die Hand nehmen musste. Also eine Win-Win-Situation, die nicht oft bei der Fortuna zu beobachten ist.

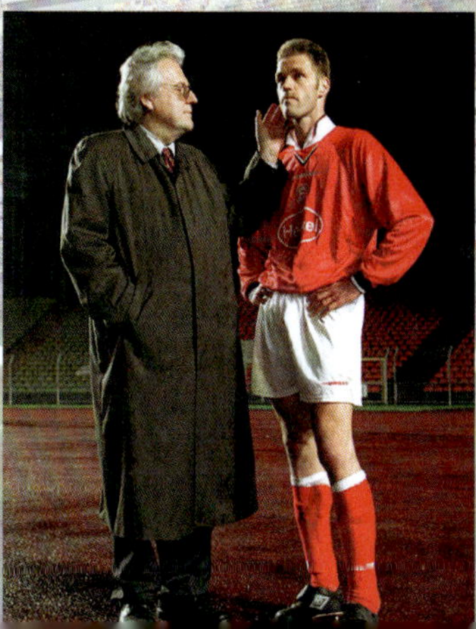

Sein „Sportwelt"-Deal kam die Fortuna teuer zu stehen: Präsident Helge Achenbach (l.), hier mit Jörg Bach

Aha! Extra

„Warum halb vier?"

Die Frage „Warum halb vier?" stellten die Filmemacher Axel und Lars Pape für ihre Fußballdokumentation nicht nur Prominenten wie zum Beispiel Joachim Król, Rudi Assauer und Thomas Hitzlsperger, sondern auch Fans aus ganz unterschiedlichen Szenen der Fortuna. Und natürlich Manni (TuS Gerresheim) und Heinz (FC Tannenhof), den heimlichen Filmstars. Standen sich die beiden Amateurkicker früher auf dem Feld gegenüber, so sitzen sie, mittlerweile in die Jahre gekommen, nebeneinander am Tisch, trinken Kaffee aus hübschen Porzellantassen und philosophieren über den Fußball und das Leben. Großes Kino für Fußballnostalgiker.

Getrennt wurden die einzelnen Interviewblöcke des im Februar 2006 auf der Berlinale in der Reihe „Perspektive Deutsches Kino" vorgestellten Films durch den sogenannten „Chor". Er bestand aus einigen hundert Fortuna-Fans, die sich an zwei kalten Novemberabenden im Schein der Flutlichtmasten auf der Haupttribüne des ansonsten leeren Paul-Janes-Stadions versammelten. Angefeuert von Fortunas damaligen Vorsänger Niko schrien sie ihre Liebe zur Fortuna in den Düsseldorfer Nachthimmel, schwenkten Fahnen und Schals und veranstalteten zum Schluss des Films noch eine kleine Pyroshow.

Im Jahr 2020 gibt es Bundesligaspiele ohne Zuschauer, in „Warum halb vier?" gab es im Stadion singende Fans ganz ohne Spieler zu sehen. Letzteres ist eindeutig stimmungsvoller.

2006: Fortuna-Fans bei den Filmaufnahmen zu „Warum halb vier?"

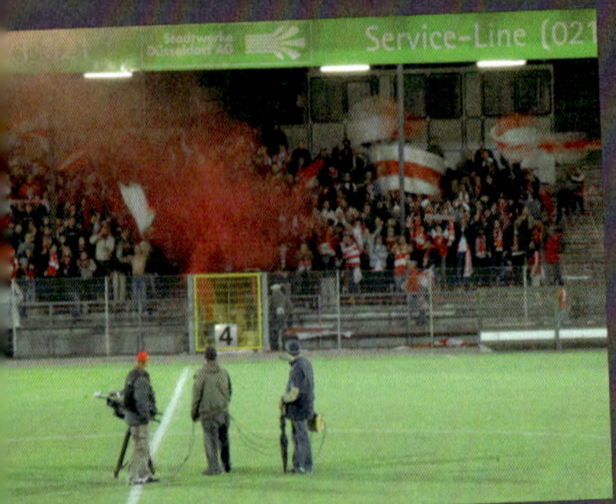

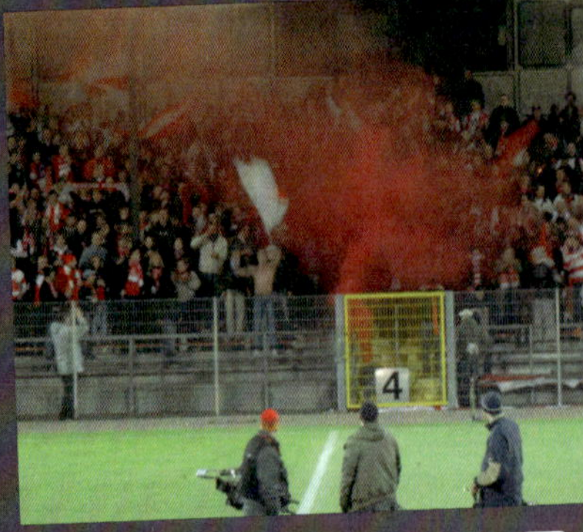

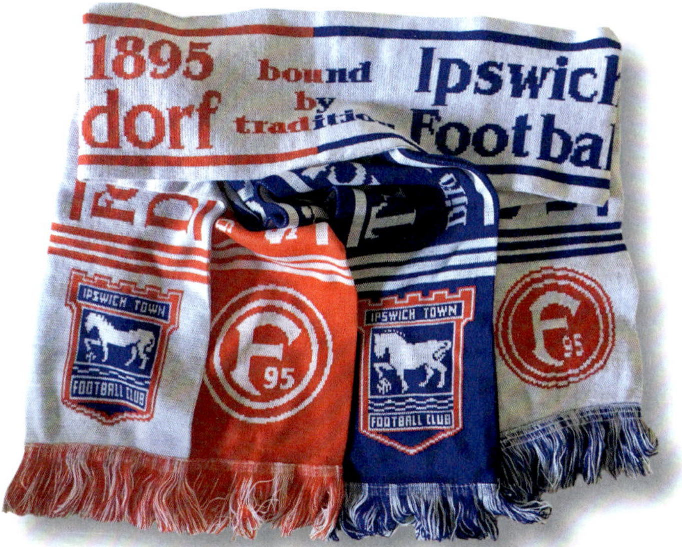

Liebe in den Farben Rot, Weiß und Blau

Aha! Extra

Liebe im Trikot

Seit 2006 wird eine Freundschaft mit wechselseitigen Besuchen zwischen Fortuna-Fans und Anhängern des englischen Zweitligaklubs Ipswich Town (auch bekannt als „Blues"), gepflegt. Im Juli 2015 eröffneten Fortuna und Ipswich Town die Saison mit einem Freundschaftskick. Blues-Fan Grahame gehörte zu den rund 600 Supportern, die mit dem Team nach Düsseldorf reisten. Bei der gemeinsamen Fanparty lernte er Ines aus Düsseldorf kennen. Sie tauschten Mailadressen aus und Grahame versprach Ines, ihr eine Fahne seines Klubs zu organisieren. Grahames erste Mail landete in Ines' Spamordner, was sie noch gerade rechtzeitig erkannte. So folgten in den nächsten Wochen mehr als tausend Mails und beide merkten bald, dass hier wohl mehr als nur eine Freundschaft zwischen zwei Fußballfans im Spiel war. Und dann ging es ganz fix: Bereits am 10. September 2015 zog Grahame nach Düsseldorf und die beiden wohnten zunächst ziemlich bescheiden. Grahame: „In our first apartment we had a bed and a TV – nothing else."

Exakt zwei Jahre nach ihrem ersten Kontakt heirateten Grahame und Ines in Las Vegas. Grahame, damals 68 Jahre alt, in seinem blau-weißen Bluesdress und Ines, damals 62-jährig, in einem rot-weißen Fortuna-Jersey. „Wir wollten so heiraten, wie wir uns kennengelernt haben – und das war nun mal im Trikot", stellte Ines klar. Mitunter schreibt der Fußball die wundersamsten Lovestorys.

Der Raub der Elfmeterpunkte

Wohl kein Verein Deutschlands kann in Sachen „Raub des Elfmeterpunkts" solche Geschichten beitragen wie die Fortuna. Das erste dieser aufsehenerregenden Ereignisse spielte sich im Frühjahr des Jahres 2001 ab. Die Fortuna dümpelte im Tabellenkeller der Regionalliga Nord herum und hatte wie so oft kein Geld. Der neue Vorstand um Michael Steffes-Holländer kam auf die Idee, den Rasen des Paul-Janes-Stadions (Fortuna spielte zu der Zeit noch im Rheinstadion) in Parzellen aufzuteilen. Für diese Parzellen nebst Elfmeterpunkten und Eckfahnen konnten die Fans gegen Zahlung eines bestimmten Geldbetrages eine Art Patenschaft übernehmen. Auch Düsseldorfs amtierender OB Joachim Erwin wollte den Klub unterstützen und erwarb einen der beiden Elfmeterpunkte. Da es Erwin aber meist mehr um seine eigene Publicity ging als um das Wohl der Fortuna, handelte er sogleich einen ordentlichen Rabatt aus. Statt der fälligen 20.000 Mark zahlte er nur läppische 1.000 Mark für den Punkt.
Es folgte der Auftritt des „kommando rettet fortuna". Die bis dahin unbekannte Guerillatruppe entführte am 16. April die beiden Elfmeterpunkte aus dem Stadion und forderte die „stadt düsseldorf und die düsseldorfer wirtschaft" auf, „umgehend das überleben des vereins zu sichern". In ihrem Bekennerschreiben drohten sie damit, „dem leben der beiden elfmeterpunkte ein ende zu setzen", sollten ihre Forderungen nicht erfüllt werden. Drei Wochen dauerte die Entführung, die mittlerweile international Beachtung fand (sogar die englische BBC berichtete darüber). Doch die Erpressten reagierten „gar nicht", so Stefan Diener, einer der Entführer. „Die erhofften Millionen blieben aus", stellte er resigniert fest. Also entließ das „kommando rettet fortuna" die beiden Punkte wieder in die Freiheit. Was blieb, war die Aufmerksamkeit und das Aussenden eines Signals, dass der Verein und sein Umfeld leben. Denn „ohne die aktive und kreative Fanszene hätte Fortuna die schlechten Jahre wahrscheinlich nicht überstanden", so Diener.
Ganz anders hingegen der Elfmeterpunktdieb des Jahres 2012. Es läuft die vorletzte Minute der Nachspielzeit im Relegationsrückspiel der Fortuna gegen Hertha BSC Berlin. Fortunas Stürmer Ranisav Jovanovic verpasste gerade die endgültige

Aha! Extra

Entscheidung für die Düsseldorfer, doch die Fans stürmten auf das Feld. Leider hatte Schiri Stark die Partie aber noch nicht abgepfiffen. Hunderte Fans feierten im Innenraum der Arena, brannten Bengalos ab und waren außer sich vor Freude. Und einer, Sascha K., nutzte die Gunst der Stunde. „Es ist der Traum von jedem Fan, ein Stück Aufstiegsrasen mitzunehmen. Und der Elfmeterpunkt ist der königlichste Punkt auf dem Platz“, erzählte er dem Express. Also buddelte Sascha K. unbehelligt im Gewühle der Fans einen der beiden Elfmeterpunkte aus und brachte ihn aus dem Innenraum. Damit war er Held und Depp in einer Person. Gegenüber dem Express betonte er allerdings, dass er der Fortuna nie schaden wollte und bereit sei, die Konsequenzen zu tragen. Das musste er tatsächlich, denn die Fortuna erstattete Strafanzeige gegen den Dieb des Elfmeterpunkts. Die Kontrahenten einigten sich schließlich außergerichtlich: Sascha K. kassierte ein Stadionverbot und musste eine Spende an das Sozialprojekt „ELFMETERstiftung“ abdrücken.

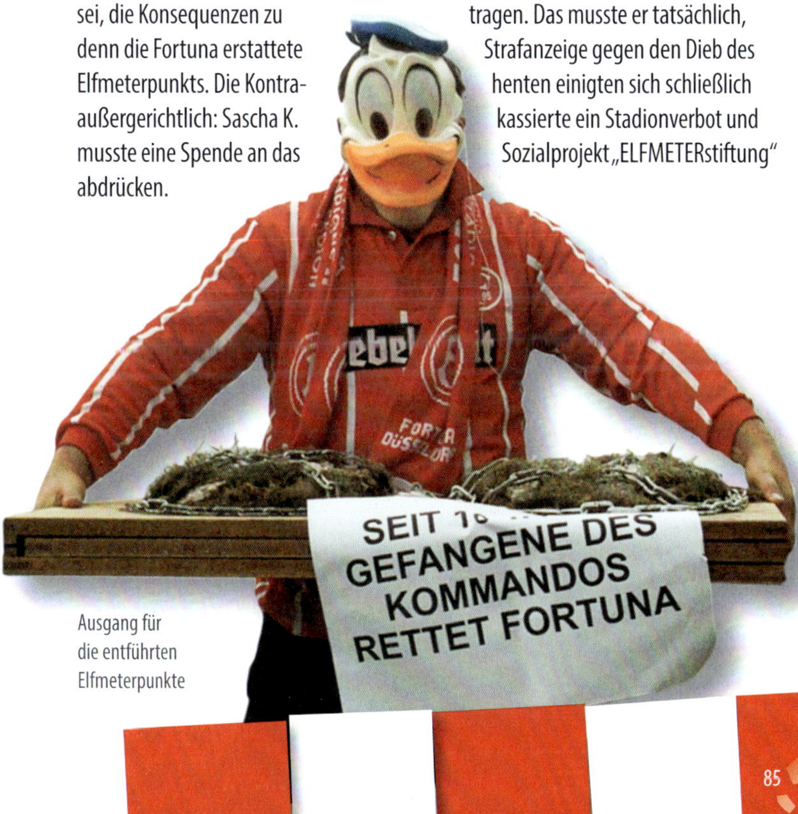

Ausgang für die entführten Elfmeterpunkte

Aha

Der Punk geht ab

Seit 2005 leistet sich die soeben der Viertklassigkeit entkommene Fortuna einen Stadion-DJ. Marcus „Opa" Haefs kommt aus der Düsseldorfer Punkszene und gilt beispielhaft für die langjährige Verbindung zwischen Punk und dem Klub aus Flingern. Auch beim legendären „Fortuna-Verherrlichungsabend" im Jahr 1997, Fortuna war soeben aus der 1. Liga abgestiegen, spielte Punkmusik eine große Rolle. Bands wir „Family *5" und „Stunde X" sorgten für beste Stimmung.

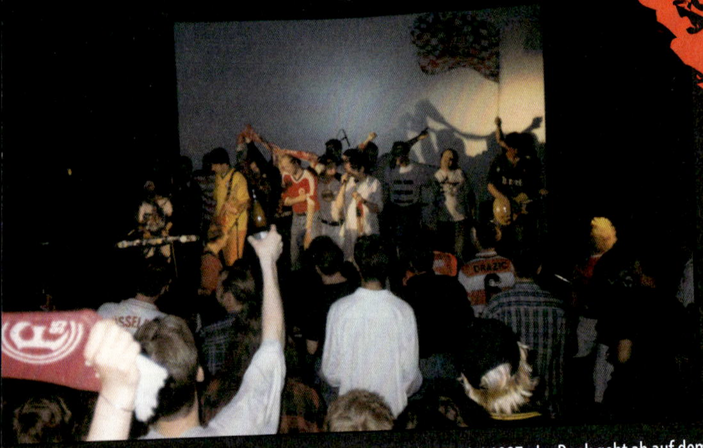

Mai 1997, der Punk geht ab auf dem Fortuna-Verherrlichungsabend, hier: Stunde X

Ab Ende der 1970er Jahre galt Düsseldorf als Punkhochburg Deutschlands. Beliebtester Treffpunkt in der Altstadt war die Ratinger Straße. Das Zentrum bildete dabei das bis dato eher plüschige Lokal „Ratinger Hof", denn hier stand die Bühne allen Punkbands offen. „ZK", die Vorgängerband der „Toten Hosen", gaben dort ihr erstes Konzert, „Fehlfarben", „Kraftwerk", „La Düsseldorf", um nur einige Namen zu nennen, sorgten für prächtige Stimmung im „Hof". Doch nicht nur dort, sondern auf der ganzen Ratinger Straße übernahmen die Punks bald das Kommando.
Die erste Band, die sich offiziell für die Fortuna aussprach, war „Family *5", die 1986 die Single „Fortuna" rausbrachte. Das hieß aber noch lange nicht, dass dies überall willkommen geheißen wurde. Xaõ Seffcheque, Gründungsmitglied der Band, spricht

von einer Art „Szene-Erlass“ der etablierten und vor allem Kuttenfans, der „Fußball für nicht punkkompatibel erklärte“. Zudem waren die Punks auf der Ratinger Straße in jenen Jahren häufig Angriffen von Fußballfans, auch denen der Fortuna, ausgesetzt. Die unangepasste Szene der Punks war den Fußballhools ein Dorn im Auge, so dass es in unschöner Regelmäßigkeit nach den Fortuna-Spielen in der Altstadt zur Jagd auf die Punks kam. Zudem war der „legendäre“ Fanblock R36 im Rheinstadion lange Zeit eine No-go-Area für Frauen, Linke und Punks, so Marcus Haefs.
Doch die Annäherung zwischen der Düsseldorfer Punkszene und Fortuna war unaufhaltsam. Viele (nicht nur) Punkbands entdeckten ihr Herz und erhoben ihre Stimme für den Klub aus Flingern. Kaum noch zu zählende Platten wurden veröffentlicht und Konzerte gegeben. Kein Wunder, dass es in Düsseldorf keine Vereins- oder Stadionhymne gibt. Das Repertoire an Punksongs, in denen die Liebe zur Fortuna erklärt wird, ist so groß, dass für jede Gelegenheit das Richtige dabei ist. Denn Punk steht für Angriffslust und Leidenschaft, da mag das Geschehen auf dem grünen Rasen auch noch so trist sein.

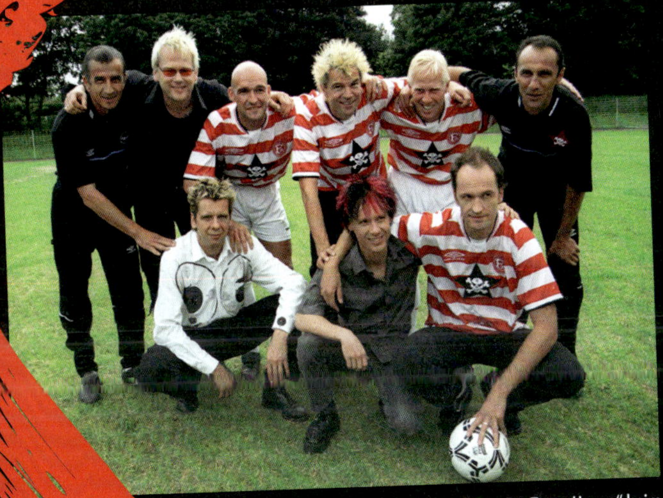

2001: „Die Toten Hosen“ beim Sponsorenfoto mit Trikotvorstellung

Xaõ Seffcheque spricht davon, dass sich die Punks mittlerweile den Fußball „einverleibt“ haben. Das finden zwar nicht alle Anhänger des Vereins gut, doch letztendlich führte es so weit, dass Düsseldorfs bekannteste Punkband „Die Toten Hosen“, seit 2012 zu Fortunas Ehrenmitgliedern gehören und ein Altpunk namens „Opa“ nach wie vor die Musik im Stadion auflegt.

„Friedhof der Favoriten"

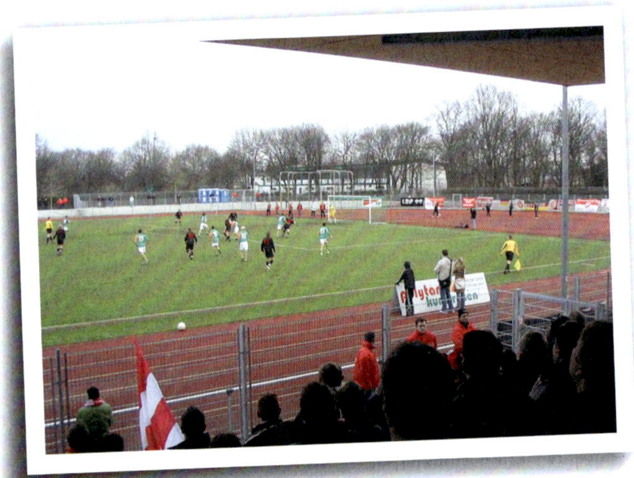

Nie wieder Platz 11!

Ein Wikipedia-Eintrag über einen Sportplatz bedeutet nicht unbedingt, dass es sich um einen besonders ansehnlichen Ort handelt. „Platz 11", also der Nebenplatz neben dem Weserstadion, wo Werder Bremens U23 ihre Heimspiele austrägt, ist so ein Ort. Ein Rasenplatz umgeben von einer „sechsspurigen" (Wikipedia) Laufbahn und einem Wurfkäfig, mit einer kleinen überdachten Sitzplatztribüne und einer Kapazität für 5.500 Zuschauer. Mit Stolz verkündet der SV Werder Bremen auf seiner Website, dass der DFB diesen Sportplatz „zu einer Musterspielstätte für U23-Mannschaften erklärt(e)". Wenn man diese Anlage kennt, möchte man nicht wissen, wie es andernorts aussehen mag.
In der Regionalliga Nord traten die Rot-Weißen insgesamt sechsmal bei den Grün-Weißen auf Platz 11 an. Dabei holte die Fortuna einen Punkt bei einem Torverhältnis von 2:11. Kein Wunder, dass die Bremer ihre U23-Spielstätte auch gerne „Friedhof der Favoriten" nennen. Auch in der erstmals ausgetragenen 3. Liga trafen die beiden Kontrahenten aufeinander. Am 14. Dezember 2008 kassierte die Fortuna eine 0:2-Niederlage vor 1.000 Zuschauern (250 über dem Saisonschnitt). Immerhin gewannen die Rot-Weißen das Rückspiel am letzten Saisonspieltag vor 50.095 (All-Zeit-Rekord für die 3. Liga) mit 1:0 gegen die Grün-Weißen und machten den Aufstieg in die 2. Liga perfekt. Damit war das Kapitel Platz 11 für hoffentlich alle Zeiten erledigt.

Aha

„Lena-Arena"

Zum Ende der Saison 2010/11 wurde Fortuna Opfer des „Schmetterlingseffekts", und der geht verkürzt so: Im Mai 2010 siegt Lena Meyer-Landrut beim Eurovision Song Contest (ESC) in Oslo mit ihrem Lied „Satellite". Der nächste ESC-Wettbewerb findet damit im Mai 2011 in Deutschland statt und Düsseldorf gewinnt den nationalen Ausrichterwettbewerb mit seiner Multifunktionsarena. Das ist die Arena, wo die Fortuna normalerweise ihre Heimspiele bestreitet. Doch wen interessiert die zweitklassige Hauptmieterin, wenn ein Megaevent zur Mehrung des Ruhmes der Stadt Düsseldorf in die Arena geholt werden kann? Genau, niemanden.
Nach langem Hin und Her lautete die Lösung für die Fortuna: Es wird ein mobiles Stadion für drei Heimspiele auf- und gleich anschließend wieder abgebaut. Der offizielle Name lautete „airberlin-world", die Fans nannten es jedoch schlicht und einfach „Lena-Arena".
Und die Rot-Weißen machten die feuerrote Kurzzeit-Arena, die insgesamt 21.000 Zuschauer fasste, zur besten Heimspielstätte aller Zeiten: Zu den drei Partien gegen Union Berlin, Arminia Bielefeld und Alemannia Aachen kamen gut 57.000 Fans, alle Spiele wurden gewonnen. Die Torschützen der Fortunen waren Sascha Rösler (3), Andreas Lambertz (2), Ken Ilsø, Jens Langeneke und Maximilian Beister. Michael Ratajczak kassierte ein Gegentor. Nur wenig später war die Lena-Arena schon wieder Geschichte.

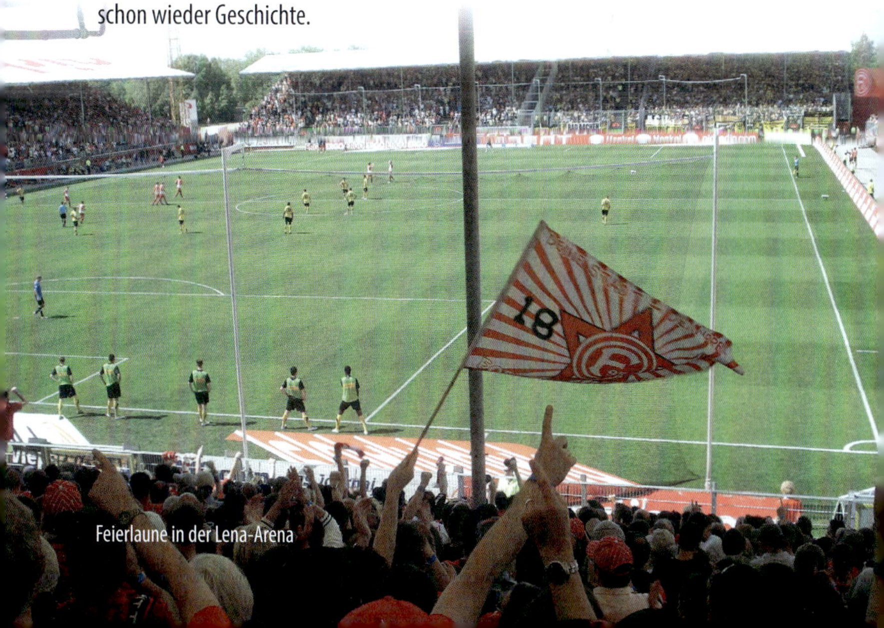

Feierlaune in der Lena-Arena

Aha

Fast zu früh gefreut

Die Vorfreude in Düsseldorf war riesig. Nach 15 Jahren Abstinenz hatte die Fortuna erstmalig die Chance, wieder in die Bundesliga aufzusteigen. Als Dritter der 2. Liga traf sie in der Relegation auf den Drittletzten der 1. Liga, auf Hertha BSC. Das Hinspiel in Berlin endete mit einem unerwarteten 2:1-Auswärtssieg der Rot-Weißen. Und Die Toten Hosen hatten gerade mit ihrem Song „Tage wie diese" die passende Aufstiegshymne veröffentlicht. Das Stadion war ausverkauft, die Stimmung changierte von Euphorie bis hin zu großer Skepsis. Denn schließlich spielte der Klub, von dem es nicht umsonst heißt: „Wir sind Fortuna Düsseldorf. Wir können alles." Im Zweifelsfall eben auch die gute Ausgangssituation versemmeln. Und so nahm der Abend am 15. Mai 2012 seinen Lauf. Es fing gut an: In der ersten Minute traf Maxi Beister mit einem Fernschuss ins Tor der Hertha. Ausgleich in der 22., Gelb-Rote-Karte gegen den Berliner Ben-Hatira in der 54., erneute Führung für die Rot-Weißen durch Jovanovic nur fünf Minuten später. Anschließend provozierten zündelnde Herthafans beinahe einen vorzeitigen Spielabbruch. Der Ausgleich für die Berliner fünf Minuten vor Spielende sorgte für eine „Schockstarre" bei den Düsseldorfern und für eine erneute Pyroshow im Gästeblock. Spielunterbrechung. Beim Spielstand von 2:2 nach 90 Minuten wurde eine siebenminütige Nachspielzeit angezeigt. Hertha stürmte, um das entscheidende Tor gegen den Abstieg zu erzwingen,

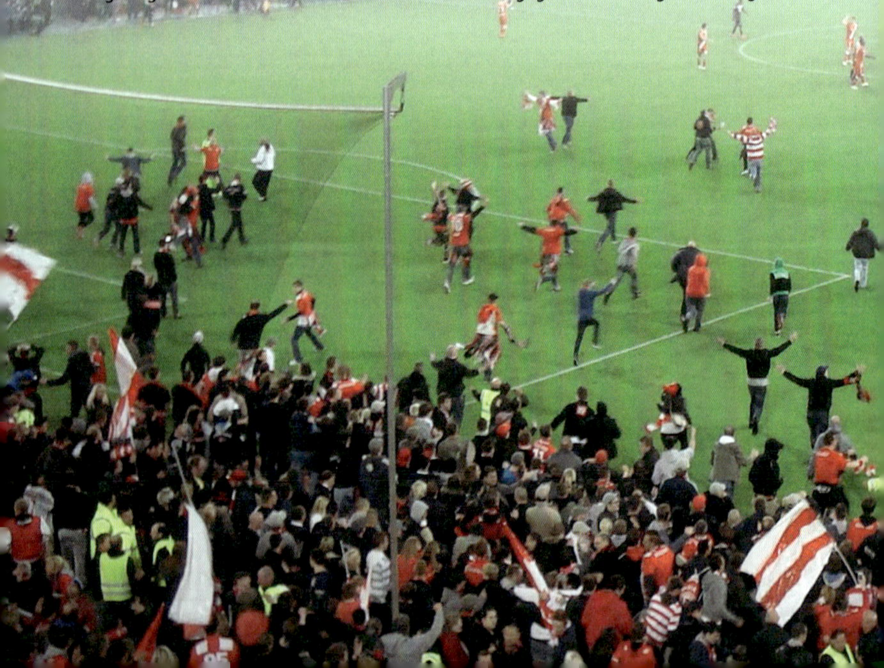

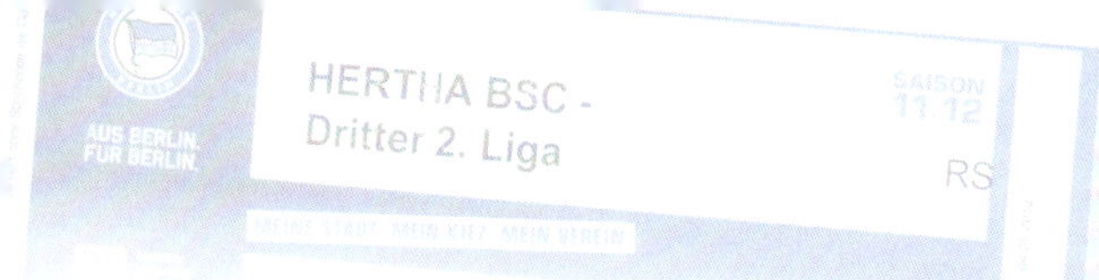

Das Hinspielticket zum Aufstieg 2012

Fortuna verteidigte mit Mann und Maus. Die wenigen Konterchancen zur endgültigen Entscheidung blieben ungenutzt. Mittlerweile verließen viele Fortuna-Fans ihre Plätze und standen dicht gedrängt am Spielfeldrand.
Eine gute Minute war noch zu spielen, als auf einmal die Fans das Spielfeld stürmten. Schiri Stark hatte aber noch nicht abgepfiffen. Freudentänze und Bengalos auf dem Rasen, Rat- und Fassungslosigkeit auf allen anderen Plätzen im Stadion und alle Spieler zurück in die Kabinen. Relativ schnell gelang es, die Zuschauer vom Platz zurückzudrängen, doch die Berliner weigerten sich lange, die Partie fortzusetzen. Als es dann nach rund 20 Minuten Todes- und/oder „Halbangst" (Hertha-Trainer Otto Rehhagel) soweit war, passierte auf dem grünen Rasen nichts mehr. Also Aufstieg für die Fortuna – oder etwa zu früh gefreut? Es kam zu einem anhaltenden juristischen Nachspiel, an deren Ende Fortuna zwar eine saftige Strafe aufgebrummt bekam, der Aufstieg aber bestätigt wurde.
In der Nachbetrachtung zu diesem in jeder Hinsicht nervenaufreibenden Spiel fiel häufig der Begriff „Schande von Düsseldorf". Wegbereiter hierfür war vor allen Dingen die Live-Übertragung der ARD mit den Kommentatoren Reinhold Beckmann und Mehmet Scholl. Sie jazzten den friedlichen vorzeitigen Platzsturm zu bürgerkriegsähnlichen Zuständen hoch. Nicht anders die Möchtegern-Experten und Fußball-Erklärerinnen in den darauffolgenden Talkshows, bei denen die freudetrunkenen Fortuna-Fans als „Taliban des Fußballs" (Maischberger) bezeichnet wurden. Schande von Düsseldorf? Nee, einfach nur dumm gelaufen.

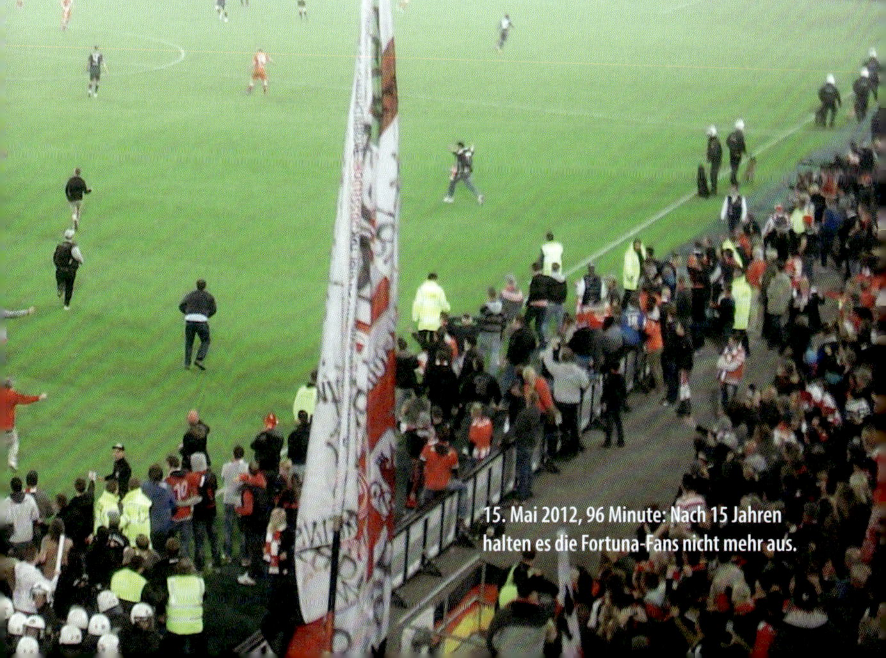

15. Mai 2012, 96 Minute: Nach 15 Jahren halten es die Fortuna-Fans nicht mehr aus.

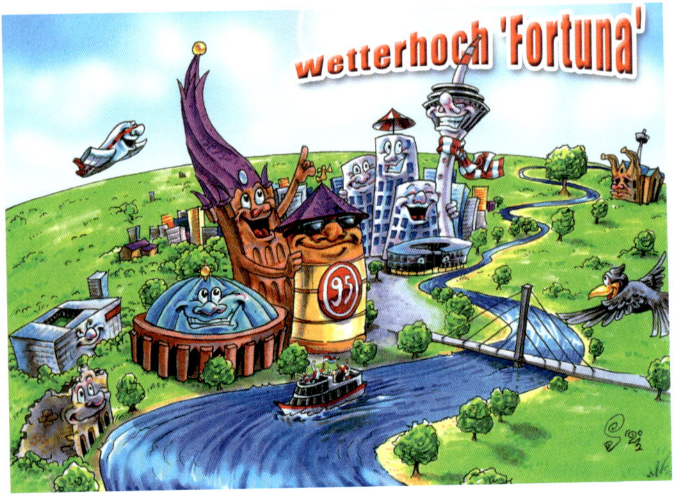

Bestes Wetter mit der Fortuna

Das perfekte „Hoch“

„Im Laufe des 21.08.[2013] bildet sich im Gebiet der Shetlandinseln ein Hochdruckgebiet, das in der Prognose für den Folgetag auf den Namen FORTUNA getauft wurde“, heißt es in der „Lebensgeschichte“ der FU Berlin zum Hochdruckgebiet Fortuna.

Andreas Vogt, Fortuna-Fan und Mitglied im „Freundeskreis Himmelgeister Kastanie“, entwickelte im Jahr 2012 die Idee hierzu. Vogt fand heraus, dass das an der FU Berlin angesiedelte Institut für Meteorologie die Namen von Hoch- und Tiefdruckgebieten verkauft. Über die „Aktion Wetterpate“ erwarb er für 299 Euro das Namensrecht für ein Hoch des Jahres 2013 und taufte es Fortuna. Doch dabei blieb es nicht, denn den Namen des Hochs gab er für eine Spendenaktion zugunsten der „ELFMETERstiftung“ frei. Für den Meistbietenden gab es im Rahmen einer kleinen Feierstunde im Düsseldorfer Rheinturm die Urkunde zur Wetterpatenschaft. Die Maschinen Kaul GmbH aus Heerdt gab mit 1.895 Euro das Höchstgebot ab und ihr Geschäftsführer Christian Butt erhielt vom ARD-Wetterexperten Sven Plöger die Urkunde. Knapp 5.000 Euro kamen im Rahmen des Bieterverfahrens zusammen und letztendlich der Stiftung zugute.

Der Düsseldorfer Künstler David Salomo gestaltete eine farbenfrohe Illustration zum Hoch, Fortunas Ex-Profi Jens Langeneke nahm als Stiftungsbotschafter das Geld dankend entgegen und die Fortuna siegte während der Hochdruckphase mit 1:0 gegen Bochum. Perfekt.

Aha

Der Berg ruft

Das Sommertrainingslager im Salzburger Land, genauer gesagt am Hochkönig in Maria Alm, hat mittlerweile schon Tradition. Seit vielen Jahren bereiten sich Fortunas Profis in der österreichischen Höhenluft auf die kommende Saison vor. Und seit ebenso vielen Jahren verbringen einige Hundert Fans einen Teil ihres Sommerurlaubs ebenfalls in Maria Alm.
Rein zufällig gibt es in der Gegend einen Gipfel namens Maishofner Kreuz, der exakt 1.895 Meter hoch ist. Im Jahr 2019, beim Anblick der Wanderkarte, man kann den Kickern ja nicht den ganzen Tag beim Trainieren zusehen, machte es bei einigen Fans Klick: Das ist unser Berg, 1.895 ist schließlich das Gründungsjahr der Fortuna. Am 21. Juli 2019 folgten einige Fortunen dem Ruf des Berges und machten sich auf eine beschauliche Wanderung zum erst ein Jahr zuvor neu aufgestellten Gipfelkreuz, dem Maishofner Kreuz. Oben angekommen wurden Fortuna-Fahnen und Transparente entrollt und der Berg sogleich in „Fortuna-Höhe" umbenannt. Der örtliche Tourismusverband ließ sich von der Euphorie anstecken und druckte eine Wanderkarte in der die Fortuna-Höhe mit entsprechendem Vereinslogo verzeichnet war, Auflage 80.000 Exemplare.
Trotz der „hervorragenden Partnerschaft mit der Fortuna" steht eine generelle Umbenennung des Maishofner Kreuzes in Fortuna-Höhe jedoch nicht zu Debatte, stellt Franz Bauer, Geschäftsführer des regionalen Tourismusverbands, klar.

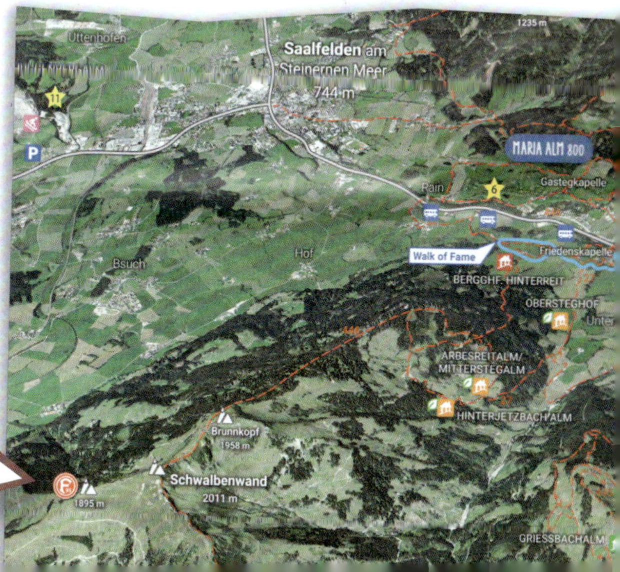

Die Fortuna-Höhe im Salzburger Land auf 1.895 Metern

„Sektion Eierlikörchen“

Im aktuellen Angebot des Fortuna-Shops finden sich zehn verschiedene Schals zu einem Verkaufspreis zwischen 14,95 und 19,95 Euro. Geschmacklich, nun ja. Einkaufspreis bei geschätzten 2,50 Euro. Merch halt.
Ganz anders hingegen die Artikel, die die Strickgruppe des Senioren-Wohnparks Lessingplatz im Jahr 2018 strickte. Definitiv keine Kinderhände, die diese Produkte herstellten, und keine Fabrikarbeit, sondern Handmade für die Fortuna-Fans. „Fortuna Brötchen“ kam auf die Idee und konnte nicht nur die ehrenamtliche Betreuerin, Frau Giese, vom Stricken in Rot und Weiß begeistern, sondern auch die Mitglieder der Strickgruppe. So setzten sich ältere Damen zwischen 77 und 98 Jahren hin und strickten Schals, Topflappen, Puls- und Eierwärmer – alles in Rot und Weiß. Zwischendurch wurde „schon mal ein Eierlikörchen getrunken“, so Giese, so dass die Strickgruppe schon bald „Sektion Eierlikörchen“ genannt wurde. Der Eierlikörkonsum hatte aber keine negativen Auswirkungen auf die Endprodukte. Denn herausgekommen waren liebevoll hergestellte Unikate, die schließlich von „Fortuna Brötchen“ auf Ebay versteigert wurden. Der Ertrag aus dieser Aktion ging zu hundert Prozent an die strickenden Damen. So machte die „Sektion Eierlikörchen“ im Mai 2018 einen Ausflug in den Volksgarten, wo sie die Früchte ihrer Arbeit bei einem Mittagessen ernten durften – gerne auch mit Eierlikör.

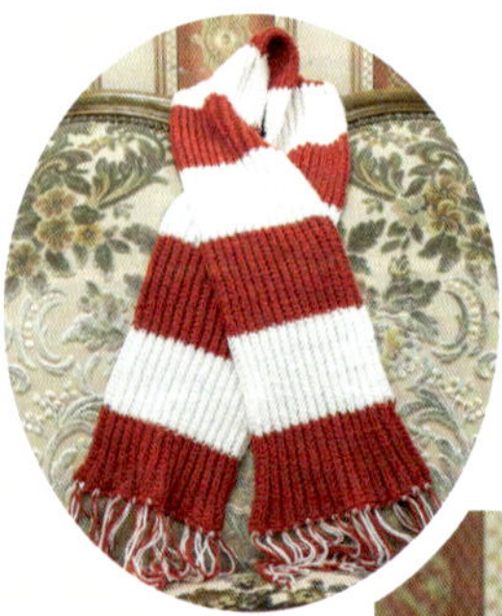

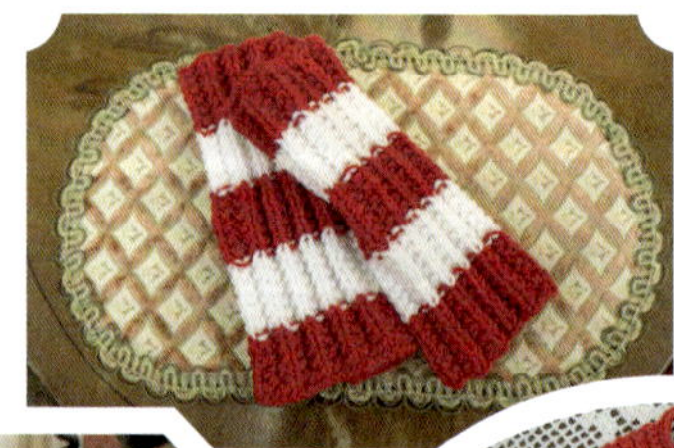

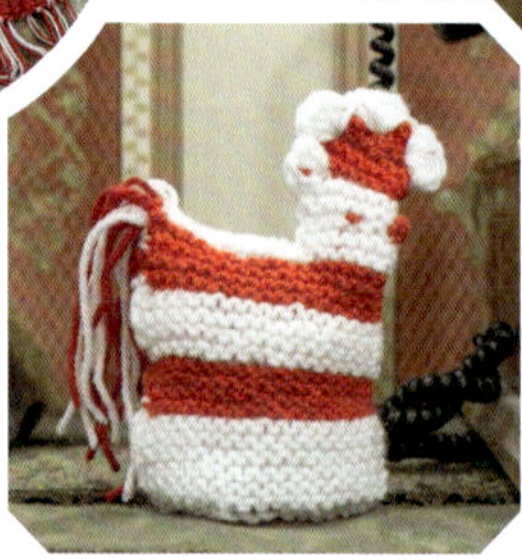

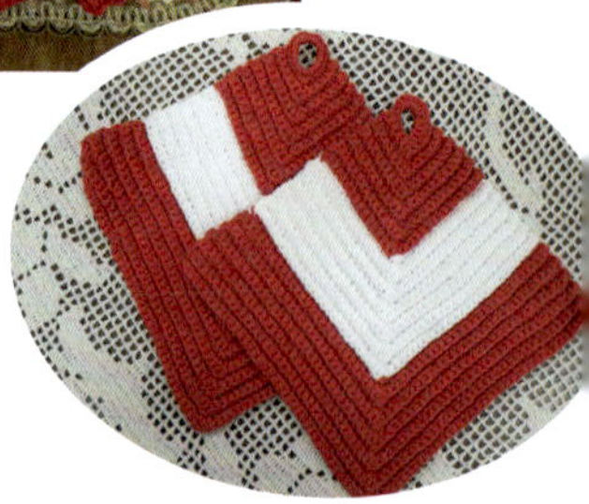

Stricken in Rot und Weiß

Rekordspieler

Für viele Fußballfans sind Statistiken extrem wichtig. Doch so detailversessen, wie heute Fußballdaten ermittelt, gezählt und vor allem dokumentiert werden, war es früher nicht. So fehlen mitunter sogar Aufstellungen zu Pflichtspielen und Freundschaftsspiele (zum Beispiel die Kalorienspiele nach dem Zweiten Weltkrieg) wurden nicht vollständig erfasst. Das heißt, dass die folgende Aufstellung, die alle dokumentierten Spieleinsätze für die erste Elf der Rot-Weißen enthält, für einige der frühen Fortunen wie beispielsweise Ernst Albrecht oder Matthias Mauritz (462 Spiele zwischen 1945 und 1960) auf jeden Fall eine zu geringe Spielanzahl widerspiegelt. Unter Berücksichtigung dieser Einschränkung ergibt sich folgende Reihenfolge:

Gerd Zewe	**(1972–1987):**	**847**
Egon Köhnen	**(1966–1981):**	**785**
Ernst Albrecht	**(1924–1946):**	**634**
Josef Weikl	**(1977–1988):**	**632**
Fred Hesse	**(1966–1976):**	**582**
Heiner Baltes	**(1970–1981):**	**545**
Wolfgang Seel	**(1973–1982):**	**541**
Werner Kriegler	**(1967–1977):**	**540**
Reiner Geye	**(1968–1976):**	**537**
Andreas Lambertz	**(2003–2015):**	**525**
Paul Janes	**(1930–1950):**	**503**

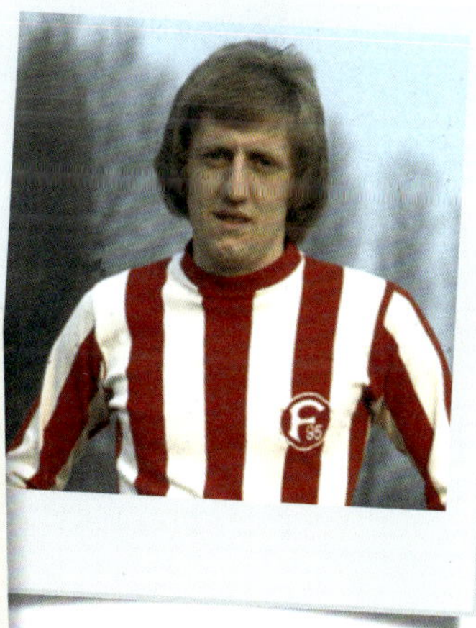

Gerd Zewe

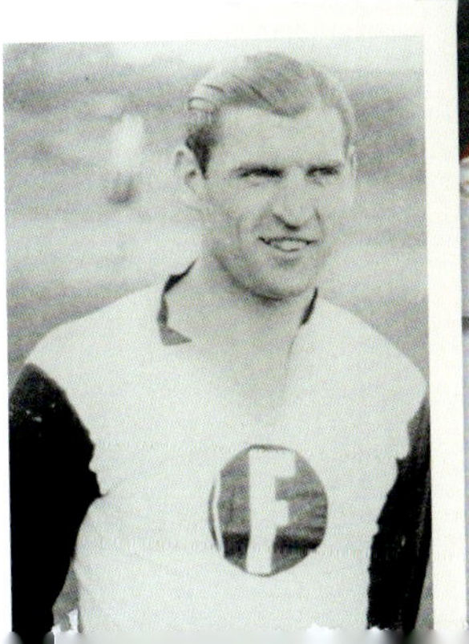

Ernst Albrecht

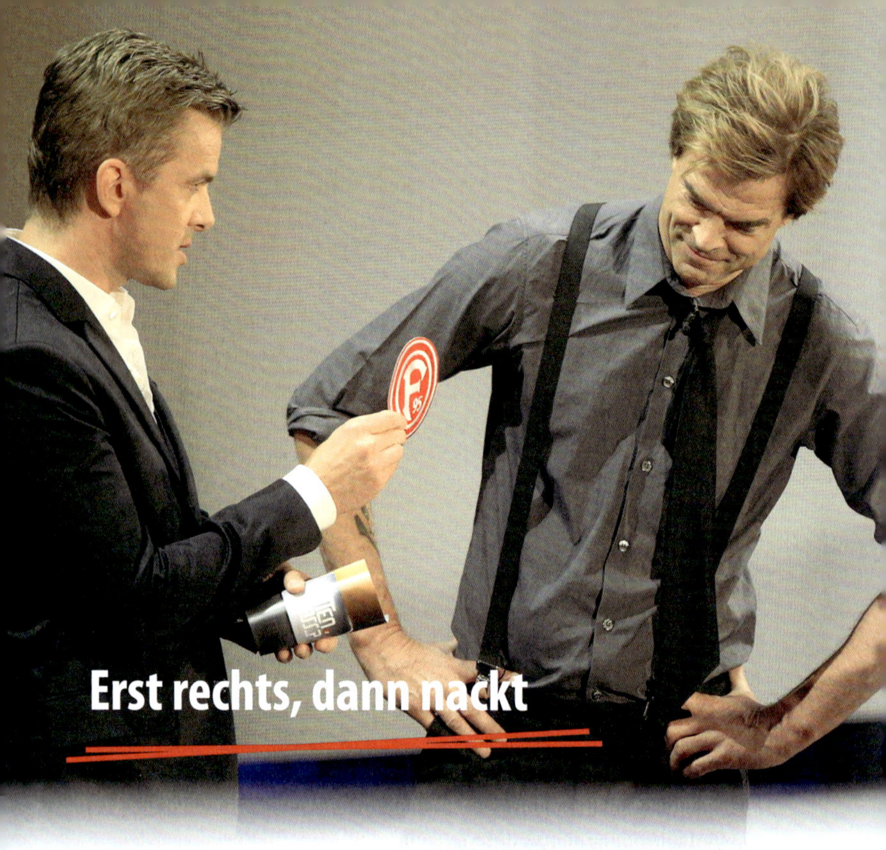

Erst rechts, dann nackt

Oktober 1992: Fortuna war gerade erst sang- und klanglos aus der 1. Bundesliga abgestiegen, doch immerhin hatte Düsseldorf (noch) ein Ermittlungsteam im ARD-„Tatort". In „Tod eines Wachmanns" ermittelten Bernd Flemming (Martin Lüttge), Miriam Koch (Roswitha Schreiner) und Max Ballauf (Klaus J. Behrendt, noch ohne graue Haare). Eine eher lahme Folge rund um den Besuch von Queen Elizabeth in Düsseldorf und alte Stasimachenschaften. Kein Grund zur Aufregung, sollte man meinen.
Wenn da nicht der Komplize des fiesen Ex-Stasiagenten gewesen wäre. Holger Kranich (Michael Seyfried), angestellt im städtischen Bauamt, ist nämlich nicht nur ein junger Alt-Nazi, sondern auch bekennender Fortuna-Anhänger. So fährt Kranich gemeinsam mit vielen anderen Fortuna-Fans mit dem Zug zum Auswärtsspiel nach Dresden. Im Sechserabteil der Deutschen Bahn versucht Kranich die bierseligen Fans auf den rechten Weg zu bringen. „Kameraden, wir sind Teil einer Bewegung", ruft er ihnen zu. Es kommt zu „Sieg-Heil"-Rufen einiger Fortuna-Fans, und der rechte Arm zuckt gelegentlich in die Höhe. Letztendlich wird Kranich jedoch aus dem Abteil geworfen, weil er seine Mitreisenden mit seinem rechten Gelaber nervt.
Bei der Fortuna und einigen lokalen Medien wurde diese Szene ganz anders ein-

Wettpartner 2012:
Campino (r.) und Markus Lanz

geschätzt: „Das ist eine Unverschämtheit", polterte Geschäftsführer Paul Jäger und der Express titelte: „Fortuna-Fans im ‚Tatort' beleidigt". Auch Fanbetreuer Ralf Wihr ereiferte sich und fühlte sich und seine Fans verunglimpft. Fortuna sei nicht von Neonazis unterwandert, stellte er klar. Große Aufregung also um eine kurze Szene. Gerechtfertigt? Nein. Zum einen ist der WDR-Redakteurin Jutta Müller Recht zu geben, die von Kranich als „deutlich isolierter Figur" sprach. Und zum anderen hatte die Fortuna in den 1980er und 1990er Jahren durchaus ein Problem mit ihrer Fankurve. Sieg-Heil-Rufe waren nicht zu überhören, genausowenig wie rassistisches Affengebrüll. Klar, es handelte sich hierbei nur um einen Teil der Fanszene, aber er war sicht- und vor allem hörbar.

Zeitensprung und Programmwechsel: Im Oktober 2012 (Fortuna war nach langer Leidenszeit gerade erst wieder in die 1. Bundesliga aufgestiegen) war Düsseldorf Austragungsort der ZDF-Show „Wetten, dass..?". Moderator Markus Lanz stellte in seiner ersten Sendung seinem Wettpartner Campino von den „Toten Hosen" die obligatorische Stadtwette vor: „Ich wette, dass die Stadt Düsseldorf es nicht schafft, das Vereinsemblem von Fortuna Düsseldorf mit nackten, rot und weiß bemalten Menschen nachzubilden." Campino hielt dagegen und befürchtete höchstens für die kommende Woche einige erkältungsbedingte Krankmeldungen, denn es war ziemlich frisch draußen. Und der Hosen-Sänger sollte Recht behalten. Die zur Nachbildung des Fortunalogos vor dem Landtagsgebäude benötigten 500 bis 600 Menschen kamen zusammen, ließen sich, lediglich in weiße Unterhosen gekleidet, in den Vereinsfarben anmalen und legten sich in F95-Form auf den Boden. Die Stimmung während der Lackiererei in den Zelten war ausgezeichnet. Bei lauten Fortuna-Gesängen gewann Düsseldorf ganz locker die Stadtwette.

Und Markus Lanz? Der löste später seine Wettschuld ein, indem er im Fortuna-Trikot von Düsseldorf nach Köln lief und dort einmal den Kölner Dom umrundete.

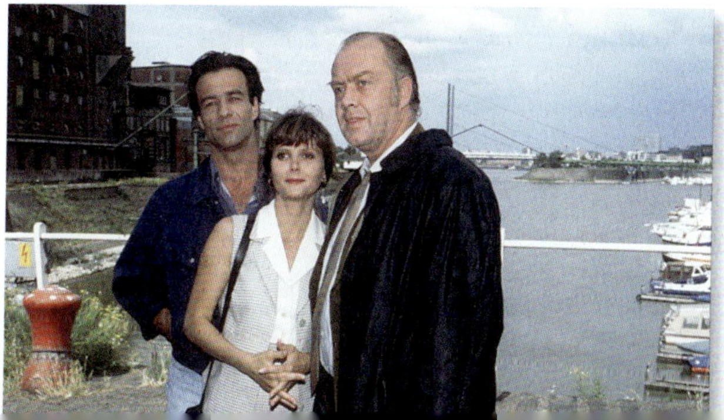

Aufreger 1992: der Tatort mit Martin Lüttge, Roswitha Schreiner und Klaus J. Behrendt (v.r.)

An den Gräbern der Götter

Fortunas Fußballgötter sind bescheiden, zumindest was ihre Grabstätten angeht. Kein Vergleich zu Gräbern anderer Größen des Fußballs. Matthias Sindelars Grab beispielsweise, das auf dem Wiener Zentralfriedhof liegt, ist mit einem Bronzerelief, das an ein Fußballsammelbild erinnert, und einem Fußball geschmückt. Oder Fritz Walter, dessen Grabstätte in Kaiserslautern mit seinem nur monströs zu nennenden Grabstein und der Skulptur im Fußballdress in der Tat an ein Heldengrab erinnert. Nein, Fortunas Götter sind anders gebettet.

Im März 2018 machte sich auf Initiative von Artur Schierig und „Fortuna Brötchen" ein kleiner Trupp Fortuna-Fans auf eine „Göttertour", die sie nach Mettmann, Ratingen und Düsseldorf führte. Das Grab des Weltmeisters Toni Turek, der in Mettmann beerdigt ist, besteht lediglich aus einer Grabplatte, die mit „TUREK" beschriftet ist. Kein Vorname, keine Daten, keine Gattin, nichts. Ähnlich bescheiden wurde Fortunas Rekordinternationaler Paul Janes nach seinem Tod auf dem Stoffeler Friedhof in Düsseldorf gebettet. Auch hier ist nur eine kleine Grabplatte zu sehen. Die Inschrift irritiert allerdings ein wenig, denn darin heißt es „EHELEUTE PAUL JANES". Schade, dass es seine langjährige Frau Gerta nicht auch auf die Grabplatte geschafft hat.

Dies sieht bei Heinz und Delo Elsa Lucas schon etwas anders aus. Lucas, Fortunas Aufstiegstrainer des Jahres 1971, der 2016 nach langer und schwerer Krankheit verstarb, ist ebenfalls in Mettmann begraben. Der aufrecht stehende Grabstein der

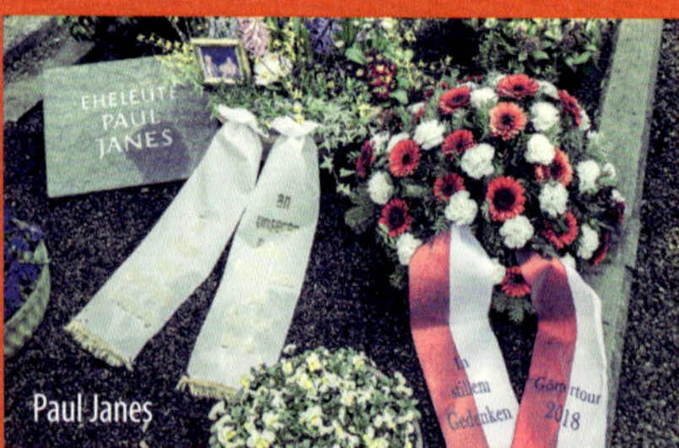

Paul Janes

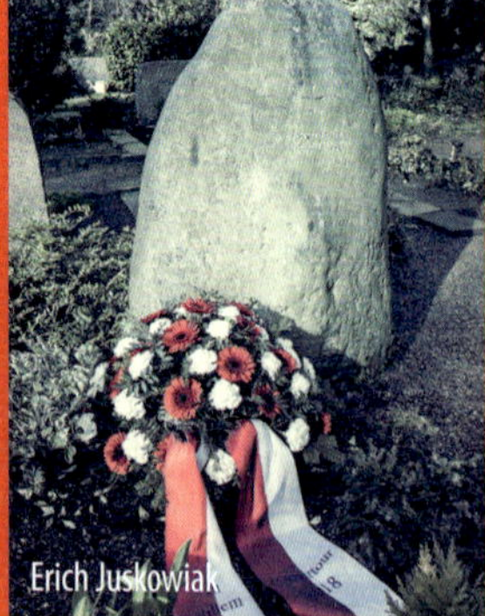
Erich Juskowiak

Aha

Familie Lucas beinhaltet die Geburts- und Sterbedaten der beiden sowie ein stilisiertes Kreuz nebst einer Blume. Wesentlich wuchtiger sieht die Grabstätte von Erich Juskowiak aus. Fortunas Spieler mit den zweitmeisten Länderspielen und dem unvergesslichen Platzverweis bei der WM 1958 in Schweden verstarb bereits im Alter von 56 Jahren an einem Herzinfarkt. Seine Grabstätte in Ratingen wird dominiert von einer Art Findling, in den ein Kreuz, der Name sowie Geburts- und Sterbejahr eingraviert wurden. Allen vier Gräbern ist gemeinsam, dass nirgendwo ein Bezug zum Fußball besteht. Kein Ball, kein Tor, nichts davon. So nüchtern und zurückhaltend, wie sie zu Lebzeiten agierten, so auch die Grabstätten.
2019 starben zwei weitere zumindest Halbgötter. Peter Biesenkamp und Atli Eðvaldsson. Der „Lange", wie Biesenkamp oft gerufen wurde, gehörte zu Lucas' Aufstiegself und wurde 1977 Deutscher Amateurmeister mit der Fortuna. Der Isländer Eðvaldsson, der von 1981/82 bis 1984/85 für die Fortuna in der 1. Bundesliga kickte, hält einen bis heute unübertroffenen Fortuna-Rekord. Er schaffte es nämlich am 4. Juni 1983 in der Begegnung gegen die Frankfurter Eintracht, fünf Treffer zu erzielen (Endstand übrigens 5:1). Er war damit nicht nur der erste Ausländer, dem dies in der Bundesliga gelang, sondern auch der erste (und bis heute zumindest letzte) Fortune. Während Biesenkamps Grab in Düsseldorf zu finden ist, fällt der Weg zu Eðvaldssons Grabstätte etwas beschwerlicher aus, denn der im Alter von 62 Jahren verstorbene Rekordstürmer wurde in seiner Heimat Island begraben.

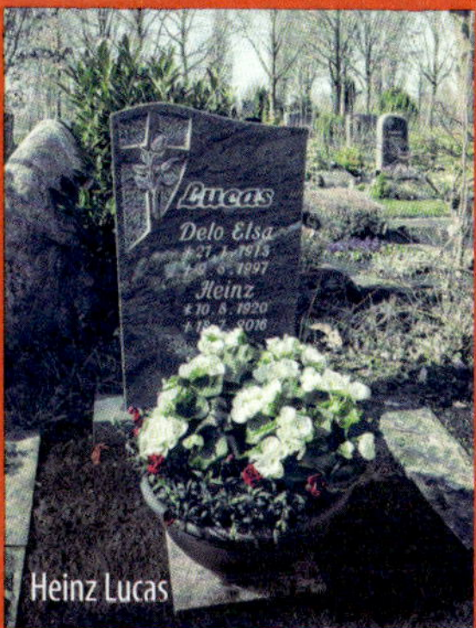

Heinz Lucas

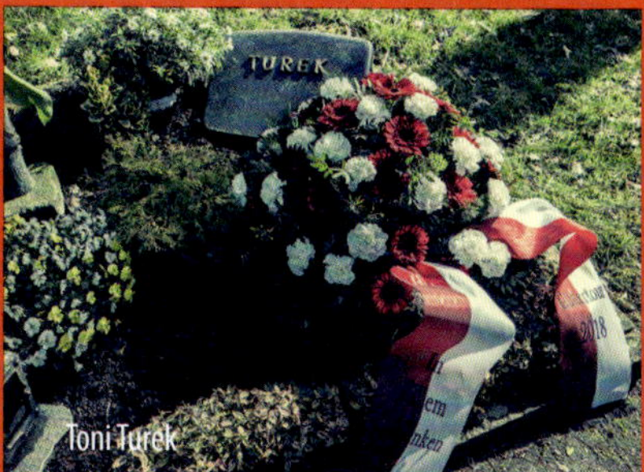

Toni Turek

Das Klugscheißer-Quiz für echte Fortuna-Experten

1 Von wem ist das Zitat: „Sehr viele Traditionsvereine sind längst verschwunden, oder wollen wir jetzt Fortuna Düsseldorf zurück in die Bundesliga holen?“

A Uli Hoeneß

B Dietmar Hopp

C Martin Kind

2 Wer schoss das einzige Golden Goal in der Fortuna-Geschichte?

A August Götzinger

B August Kuckelkorn

C Jan Wellem

3 Woher stammt der Vereinsname Fortuna?

A Name einer Glücksgöttin

B Name einer Brotfabrik

C Keine Ahnung

4 Welche Punkband bekundete als erste öffentlich ihre Liebe zur Fortuna?

A Stunde X

B Family *5

C Die Toten Hosen

5 Die Toten Hosen spendeten Ende der 1980er Jahre eine Mark je Ticket, um folgenden Spieler verpflichten zu können:

A Anthony Yeboah

B Anthony Baffoe

C Anthony Hopkins

6 Welcher Spieler schoss als Fortune in insgesamt vier Ligen jeweils mindestens ein Tor?

A Marek Lesniak

B Axel Bellinghausen

C Andreas Lambertz

7 18 Siege hintereinander im DFB-Pokal sind bis heute unerreicht. Gegen wen erzielte die Fortuna den ersten Sieg dieser Serie?

A Stuttgarter Kickers

B VfR Heilbronn

C VfB Stuttgart

8 Wer ging nach 27 Jahren als Mannschaftsbetreuer am 1. April 2017 in Rente?

A Aleks Spengler

B Alex Harvey

C Aleks Ristić

9 Wie lautet der Titel des Fotos, das Katharina Sieverding für die Ausstellung „Künstler für Fortuna Düsseldorf“ zur Verfügung stellte?

A Uerige gegen Schlüssel

B Ratinger Hof gegen UEL

C Füchschen gegen Schumacher

10 Wie wurde Fortunas Instant-Stadion des Jahres 2011 im Volksmund genannt?

A Joachim-Erwin-seine-Frau-ihr-Stadion

B Toni-Turek-Kampfbahn

C Lena-Arena

Aha

11 „Platz 11“ in Bremen war ein schlechtes Pflaster für die Fortuna. Wie nennen ihn die Bremer gerne?

A Friedhof der Kuscheltiere
B Friedhof der Legenden
C Friedhof der Favoriten

12 Wie lange saß Lutz Pfannenstiel in Singapur im Gefängnis?

A 100 Tage
B 101 Tage
C 111 Tage

13 In welchen Ort fahren die Fortunen seit vielen Jahren ins Sommertrainingslager?

A Maria Alm
B Maria Magdalena
C Viva Maria

14 Gegen wen trug die Kombination Fortuna Düsseldorf/Borussia Mönchengladbach am 30. Dezember 1971 ein Freundschaftsspiel aus?

A Benfica Lissabon
B Ajax Amsterdam
C FC Arsenal

15 Wie wird das Derby zwischen der Fortuna und dem MSV Duisburg genannt?

A S-Bahn-Derby
B Regionalexpress-Derby
C Straßenbahnderby

16 In welcher Stadt fand der „größte Fortuna-Moment“ der Geschichte statt?

A Basel
B Bern
C Zürich

17 Die Kantine im Stadion an der Vennhauser Straße hieß?

A Dat Steinhüske
B Dat Blechhüske
C Dat Lehmhüske

18 Im Europapokal reiste die Fortuna zweimal nach Schottland. Ihre Gegner waren?

A FC Aberdeen und Celtic Glasgow
B Glasgow Rangers und Celtic Glasgow
C FC Aberdeen und Glasgow Rangers

19 Wie nannte Fußballexpertin Sandra Maischberger die Fortuna-Fans, die 2012 im Relegationsspiel gegen Hertha BSC für einen verfrühten Platzsturm sorgten?

A Taliban des Fußballs
B Totengräber des Fußballs
C Terroristen des Fußballs

20 In welchem Jahr ließ das Hoch „Fortuna“ auch über Köln die Sonne scheinen?

A 2012
B 2013
C 2018

Aha

21 Wer lernte sich 2015 in Düsseldorf kennen und heiratete zwei Jahre später in Las Vegas im Ipswich- bzw. Fortuna-Trikot?

A Grahame & Ines
B Cindy & Bert
C Bonnie & Clyde

22 Nach dem Europapokalspiel im Jahre 1979 gegen die Glasgow Rangers gab es wegen folgender Rechnungsposition bei der Schiedsrichterbewirtung Stress?

A 5 Kisten Altbier
B 5 Flaschen Champagner
C 5 Rolexuhren

23 Wer schoss als einziger Fortune fünf Tore in einem Bundesligaspiel?

A Atli Eðvaldsson
B Jan Mattsson
C Darko Pančev

24 Markus Lanz verlor 2012 die Stadtwette bei „Wetten, dass..?" gegen Campino. Was war sein Wetteinsatz?

A Im Fortuna-Dress „Wetten, dass..?" moderieren
B Vier Wochen in Fortuna-Bettwäsche schlafen
C Im Fortuna-Trikot von Düsseldorf nach Köln laufen

25 Wie wurde das Mythos-Spiel im Jahr 2003 zwischen Fortuna 1993 und Fortuna 2003 auch genannt?

A Klassentreffen
B Vatertagstreffen
C Jahrgangstreffen

26 Fortuna hält mit 50.095 Zuschauern den Besucherrekord der 3. Liga. Gegen wen spielte sie?

A Bayern München II
B Werder Bremen II
C Borussia Dortmund II

27 Von welchem Künstler ist das Motiv auf dem Fortuna-Dress der Saison 2003/04?

A Günther Uecker
B Jörg Immendorff
C Joseph Beuys

28 Wie heißt der Film, bei dem singende und Pyrofackeln schwenkende Fortuna-Fans eine große Rolle spielen?

A Das große Spiel
B Football Factory
C Warum halb vier?

29 Welcher Vogel sollte 1997 als Vorlage für Fortunas neues Maskottchen dienen?

A Tukan
B Pleitegeier
C Lachmöwe

30 Wie hieß die Guerillatruppe, die 2001 die beiden Elfmeterpunkte aus dem Paul-Janes-Stadion entführte?

A „kommando elfmeterpunkt"
B „kommando gegen zweitvertretungen"
C „kommando rettet fortuna"

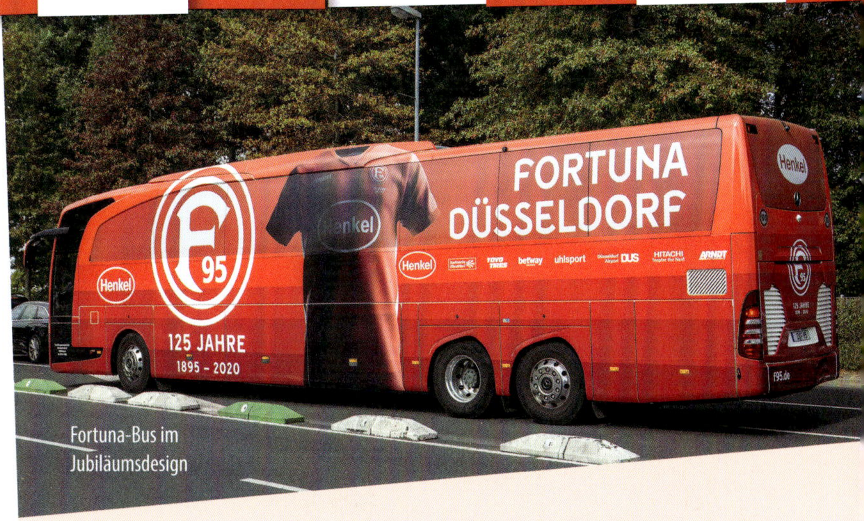

Fortuna-Bus im Jubiläumsdesign

Quiz-Lösungen

1 = **B** Dietmar Hopp

2 = **A** August Götzinger

3 = **C** die genaue Herkunft ist nicht bekannt

4 = **B** Family *5

5 = **B** Anthony Baffoe

6 = **C** Andreas Lambertz

7 = **A** Stuttgarter Kickers

8 = **A** Aleks Spengler

9 = **B** Ratinger Hof gegen UEL

10 = **C** Lena-Arena

11 = **C** Friedhof der Favoriten

12 = **B** 101 Tage

13 = **A** Maria Alm

14 = **B** Ajax Amsterdam

15 = **C** Straßenbahnderby

16 = **A** Basel

17 = **C** Dat Lehmhüske

18 = **C** FC Aberdeen und Glasgow Rangers

19 = **A** Taliban des Fußballs

20 = **B** 2013

21 = **A** Grahame & Ines

22 = **B** 5 Flaschen Champagner

23 = **A** Atli Eðvaldsson

24 = **C** Im Fortuna-Trikot von Düsseldorf nach Köln laufen

25 = **A** Klassentreffen

26 = **B** Werder Bremen II

27 = **B** Jörg Immendorff

28 = **C** Warum halb vier?

29 = **A** Tukan

30 = **C** „kommando rettet fortuna"

Aha

Klugscheißer-Sprüche zur Fortuna

„Am liebsten hätten wir alle Stadiontore zugemacht und die Leute bis zum HSV-Spiel drinbehalten."

(Werner Faßbender, Fortunas Geschäftsführer, nachdem 50.000 Menschen im Jahr 1982 den Abschlussgottesdienst des Deutschen Katholikentages im Rheinstadion besucht hatten)

„Du kannst auf meiner Plantage arbeiten."

(Anthony Baffoe zu einem rassistisch pöbelnden Gegenspieler)

„Holt die Antidepressiva raus, Fortuna Düsseldorf spielt."

(WDR-Reporter Manni Breuckmann)

„Jeder sollte an irgend etwas glauben, und wenn es an Fortuna Düsseldorf ist."

(Campino)

„Ich habe absichtlich falsch ausgewechselt, damit wir nicht zu hoch gewinnen."

(Aleksandar Ristić)

„Man muss das Fußballspiel unterteilen: in die erste und in die zweite Halbzeit."

(Heinz Lucas)

„It's Kölsch against Alt – and Alt just tastes better!"

(Coach Uwe Rösler im Mai 2020 vor seinem ersten Derby als Fortuna-Trainer gegen den 1. FC Köln)